Chocolat, etc.

Florent Margaillan

FIRST
Editions

ISBN : 978-2-7540-1844-9

Dépôt légal : 3e trimestre 2010
Imprimé en Italie
Édition : Aurélie Starckmann
Mise en page : ReskatoЯ 🐌
Couverture : Olivier Frenot

Éditions First
60, rue Mazarine
75006 Paris
Tél. 01 45 49 60 00
Fax 01 45 49 60 01
E-mail : firstinfo@efirst.com

Site internet : www.editionsfirst.fr

Introduction

Le chocolat! Voici un mot magique qui a le pouvoir d'illuminer des milliers de visages. Non pas pour les nombreuses vertus qui lui sont attribuées, mais tout simplement pour ce qu'il exprime : plaisir, volupté, générosité, il est le témoin de nos souvenirs d'enfance et des instants de fête.

Gâteaux, tartes, verrines, boissons, crumbles…, vous trouverez dans ce petit ouvrage plus de 130 recettes au chocolat afin de satisfaire tous vos goûts et envies chocolatés.

Les recettes de ce livre sont facilement réalisables et demandent en moyenne 15 minutes de préparation.

Ces recettes peuvent convenir tout autant aux cuisiniers en herbe qu'aux cuisiniers plus aguerris, et n'oubliez pas que ce qui compte, c'est de faire et de se faire plaisir. C'est là que réside la véritable clé du succès!

LES RECETTES DE BASE

•

BISCUIT ROULÉ AU CHOCOLAT

6 pers. **Préparation : 15 min** **Cuisson : 8 min**

3 œufs • 100 g de sucre • 50 g de farine • 50 g de poudre
d'amandes • 20 g de cacao en poudre

Réalisation

Séparez les jaunes des blancs d'œufs. Dans un saladier
mélangez les jaunes avec le sucre, ajoutez la farine,
le cacao et la poudre d'amandes. Montez les blancs
en neige et incorporez-les délicatement au mélange
précédent. Étalez le biscuit sur une plaque à four préalablement recouverte de papier sulfurisé. Faites cuire
au four à 190 °C (th. 6-7) pendant 8 minutes environ.

BRIOCHE AU CHOCOLAT

4 pers. **Préparation : 20 min** **Repos : 2 h 30** **Cuisson : 45 min**

250 g de farine • 1 cuil. à café de sel • 25 g de sucre • 3 œufs
• 5 cl de lait • 1 sachet de levure boulangère • 125 g de beurre
• 70 g de chocolat noir

Réalisation

Dans un saladier, mélangez la farine avec le sucre et
le sel. Délayez la levure dans le lait tiède, ajoutez-la
au mélange précédent avec les œufs. Pétrissez la pâte
pendant 10 minutes au robot, ou pendant 15 minutes
à la main. Ajoutez le beurre, pétrissez la pâte jusqu'à
ce qu'il n'y ait plus de morceaux de beurre. Laissez
la pâte doubler de volume à température ambiante
(environ 1 heure), rabattez-la et ajoutez le chocolat
préalablement haché. Façonnez 8 boules, garnissez
votre moule. Laissez la pâte doubler de volume à
température ambiante (1 heure 30) environ. Faites
cuire au four à 160 °C (th. 5-6) pendant 45 minutes.

Notre conseil : pour obtenir une plus jolie brioche,
dorez-la avec un œuf battu avant de la mettre au four.

CRÈME ANGLAISE AU CHOCOLAT

4 pers. **Préparation : 10 min** **Cuisson : 10 min**

50 cl de lait • 1 gousse de vanille • 5 jaunes d'œufs • 80 g de sucre • 100 g de chocolat noir

Réalisation

Dans un saladier, mélangez les jaunes d'œufs avec le sucre. Dans une casserole, portez à ébullition le lait avec la gousse de vanille fendue en deux et grattée. Versez sur le mélange précédent, faites cuire le tout sans cesser de remuer jusqu'à ce que la crème nappe le dos d'une cuillère. Ajoutez le chocolat coupé en petits morceaux, mélangez.

Notre conseil : mixez le tout afin d'éliminer d'éventuels grumeaux.

CRÈME PÂTISSIÈRE AU CHOCOLAT

4 pers. **Préparation : 10 min** **Cuisson : 5 min**

50 cl de lait • 80 g de sucre • 3 jaunes d'œufs • 1 œuf entier • 40 g de fécule de maïs • 100 g de chocolat noir • 20 g de beurre

Réalisation

Dans un saladier mélangez les jaunes d'œufs avec l'œuf entier et le sucre, ajoutez la fécule. Portez à ébullition le lait, versez-le sur le mélange précédent, remuez immédiatement. Portez le tout à ébullition sans cesser de remuer, ajoutez le chocolat et le beurre, mélangez. Débarrassez dans un plat, filmez au contact et réservez la crème pâtissière au frais.

GANACHE

4 pers. **Préparation : 5 min** **Cuisson : 5 min**

15 cl de crème • 10 cl de lait • 200 g de chocolat noir

Réalisation

Faites fondre le chocolat au bain-marie ou au micro-ondes, faites bouillir le lait et la crème et versez-les petit à petit sur le chocolat.

Notre conseil : pour réaliser une ganache au chocolat blanc, remplacez les 200 g de chocolat noir par 300 g de chocolat blanc.

GÉNOISE AU CHOCOLAT

4 pers.   **Préparation : 15 min   Cuisson : 20 min**

4 œufs • 80 g de farine • 50 g de cacao • 100 g de sucre

Réalisation

Dans un saladier mélangez les œufs et le sucre. Mettez le saladier au bain-marie et fouettez jusqu'à ce que le mélange triple de volume. Mélangez la farine avec le cacao et incorporez-les délicatement au mélange précédent.

Beurrez et farinez un moule rond de 20 cm de diamètre environ. Versez-y la pâte. Faites cuire au four à 180 °C (th. 6) pendant 20 minutes environ. Vérifiez la cuisson avec la lame d'un couteau.

GLAÇAGE AU CHOCOLAT

4 pers. **Préparation : 5 min** **Cuisson : 5 min**

5 cl d'eau • 60 g de sucre • 10 cl de crème • 150 g de chocolat noir • 30 g de beurre

Réalisation

Dans une petite casserole, portez à ébullition l'eau avec le sucre. Ajoutez la crème et reportez à ébullition. Ajoutez le chocolat et le beurre, mélangez jusqu'à ce que le chocolat soit complètement fondu.

Notre conseil : le glaçage doit être utilisé quand il est fluide ; vous pouvez le réchauffer au besoin au micro-ondes.

PÂTE À CHOUX AU CACAO

4 pers. **Préparation : 20 min** **Cuisson : 25 min**

25 cl d'eau • 125 g de beurre • 1 cuil. à café de sel • 1 cuil. à soupe de sucre • 140 g de farine • 15 g de cacao en poudre • 4 œufs

Réalisation

Dans une casserole portez à ébullition l'eau avec le beurre, le sucre et le sel. Ajoutez la farine et le cacao en une seule fois, mélangez vigoureusement. Laissez dessécher la pâte quelques secondes : elle doit se détacher de la casserole. Incorporez les œufs un par un à la spatule. Sur une plaque recouverte de papier sulfurisé, formez de petites boules avec une poche à douille. Lissez les choux à l'aide d'un pinceau et d'un peu d'eau. Faites cuire au four à 160 °C (th. 5-6) pendant 20 minutes environ.

PÂTE À CRÊPES AU CHOCOLAT

4 pers. **Préparation : 10 min** **Repos : 30 min**

50 cl de lait • 250 g de farine • 30 g de cacao • 1 pincée de sel • 30 g de sucre • 3 œufs • 1 cuil. à soupe de Grand Marnier

Réalisation

Dans un saladier, mélangez la farine avec le cacao, le sucre et le sel. Ajoutez les œufs, et le Grand Marnier. Incorporez petit à petit le lait de manière à éviter les grumeaux. Laissez la pâte reposer au moins 30 minutes au réfrigérateur avant de cuire vos crêpes.

PÂTE SABLÉE AU CHOCOLAT

8 pers. **Préparation : 15 min** **Repos : 30 min**

180 g de farine • 20 g de cacao • 100 g de beurre • 1 pincée de sel • 50 g de sucre glace • 1 œuf • 1 jaune d'œuf

Réalisation

Passez le beurre quelques secondes au micro-ondes afin qu'il soit mou, mélangez-le avec le sucre glace et le sel. Ajoutez le jaune d'œuf et l'œuf entier, incorporez la farine et le cacao. Laissez reposer la pâte 30 minutes au réfrigérateur avant de l'utiliser.

SAUCE AU CHOCOLAT

4 pers. **Préparation : 5 min** **Cuisson : 5 min**

100 g de lait • 100 g de crème liquide • 100 g de chocolat noir

Réalisation

Portez à ébullition le lait et la crème. Versez-les petit à petit sur le chocolat sans cesser de remuer. Pour obtenir un meilleur résultat, vous pouvez mixer la sauce à l'aide d'un petit mixeur plongeant.

Notre conseil : pour obtenir une sauce au chocolat blanc, il suffit de remplacer le chocolat noir par la même quantité de chocolat blanc.

LES TARTES ET CRUMBLES

•

CRUMBLES AUX FIGUES, PORTO ET CHOCOLAT

4 pers.	Préparation : 15 min	Cuisson : 25 min

300 g de figues • 1 cuil. à soupe de cassonade • 2 cuil. à soupe de porto • 80 g de chocolat noir • 50 g de beurre • 50 g de farine • 50 g de poudre d'amandes • 50 g de sucre

Réalisation

Coupez les figues en quartiers, faites-les revenir à la poêle avec le porto et la cassonade. Placez-les dans le fond des ramequins. Ajoutez le chocolat préalablement haché. Dans un saladier mélangez, du bout des doigts, le beurre avec la farine, le sucre et la poudre d'amandes. Recouvrez les figues de crumble. Faites cuire les crumbles au four à 180 °C (th. 6) pendant 20 minutes environ.

CRUMBLES BANANE, KIWI ET CHOCOLAT BLANC

4 pers. **Préparation : 15 min** **Cuisson : 20 min**

2 bananes • 3 kiwis • 80 g de chocolat blanc • 50 g de beurre • 50 g de farine • 50 g de noix de coco hachée • 50 g de sucre

Réalisation

Coupez la banane en rondelles et les kiwis en cubes, placez-les dans le fond des ramequins. Ajoutez le chocolat préalablement haché. Dans un saladier mélangez, du bout des doigts, le beurre avec la farine, le sucre et la noix de coco hachée. Recouvrez les fruits de crumble. Faites cuire les crumbles au four à 180 °C (th. 6) pendant 20 minutes environ.

CRUMBLES FRAISE, TOMATE ET CHOCOLAT BLANC

4 pers. **Préparation : 15 min** **Cuisson : 35 min**

2 tomates • 250 g de fraises • 30 g de sucre • 50 g de chocolat blanc • 50 g de beurre • 50 g de farine • 50 g de poudre d'amandes • 50 g de sucre glace

Réalisation

Remplissez une casserole d'eau, portez-la à ébullition, plongez les tomates pendant 15 secondes. Retirez la peau des tomates, coupez-les en quatre. Conservez seulement leur chair, puis coupez-les en lamelles. Coupez les fraises en quatre. Dans une casserole, mélangez les lamelles de tomates avec les quartiers de fraises et le sucre, faites cuire à feu doux pendant 15 minutes. Placez la compotée dans le fond des ramequins. Ajoutez le chocolat préalablement haché. Dans un saladier mélangez, du bout des doigts, le beurre avec la farine, le sucre et la poudre d'amandes. Recouvrez les fruits de crumble. Faites cuire les crumbles au four à 180 °C (th. 6) pendant 20 minutes environ.

CRUMBLES MANGUE ET FRUIT DE LA PASSION AU CHOCOLAT AU LAIT

4 pers. **Préparation : 15 min** **Réfrigération : 1 h**

1 mangue • 1 fruit de la passion • 1 citron vert • 100 g de chocolat au lait • 15 cl de crème liquide • 6 sablés bretons

Réalisation

Épluchez la mangue, coupez-la en petits cubes. Prélevez les zestes du citron vert. Coupez le fruit de la passion en deux, retirez les grains et mélangez-les avec les cubes de mangue et les zestes de citron. Garnissez les ramequins. Portez à ébullition la crème, versez-la sur le chocolat au lait, mélangez. Versez la crème au chocolat par-dessus les fruits. Laissez reposer au réfrigérateur pendant au moins 1 heure. Brisez les sablés bretons en petits morceaux, recouvrez-en les ramequins, dégustez immédiatement.

CRUMBLES PÊCHE-VERVEINE ET CHOCOLAT BLANC

4 pers. **Préparation : 15 min** **Cuisson : 20 min**

6 pêches • 2 cuil. à café de miel • quelques feuilles de verveine fraîche • 50 g de chocolat blanc • 50 g de beurre • 50 g de farine • 50 g de poudre d'amandes • 50 g de sucre glace • 50 g de dragées

Réalisation

Coupez les pêches en huit. Dans une poêle faites revenir les quartiers de pêches avec le miel et la verveine. Disposez-les dans le fond des ramequins. Ajoutez le chocolat blanc préalablement haché. Hachez les dragées en petits morceaux. Dans un saladier mélangez, du bout des doigts, le beurre avec la farine, le sucre, la poudre d'amandes et les dragées. Recouvrez les pêches de crumble. Faites cuire les crumbles au four à 180 °C (th. 6) pendant 20 minutes environ.

CRUMBLES POMME-RHUBARBE ET PAIN D'ÉPICE

4 pers. **Préparation : 15 min** **Cuisson : 20 min**

2 petits pots de compote pomme-rhubarbe • 2 pommes
• 2 tranches de pain d'épice • 80 g de beurre • 50 g de farine
• 50 g de sucre glace

Réalisation

Répartissez la compote au fond des ramequins. Épluchez les pommes, coupez-les en petits cubes, ajoutez-les par-dessus la compote. Faites sécher les tranches de pain d'épice au four à 150 °C (th. 5) pendant 10 minutes, puis mixez-les afin d'obtenir une poudre. Dans un saladier mélangez, du bout des doigts, le beurre avec la farine, le sucre et la poudre de pain d'épice. Recouvrez les pommes de crumble. Faites cuire les crumbles au four à 180 °C (th. 6) pendant 20 minutes environ.

TARTE AU CHOCOLAT

8 pers.   **Prép. : 10 min**   **Cuisson : 15 min**   **Réfrigération : 1 h**

1 pâte sablée • 250 g de chocolat noir • 30 cl de crème liquide

Réalisation

Disposez la pâte sablée dans un moule à tarte. Piquez le fond à l'aide d'une fourchette. Faites cuire au four à 160 °C (th. 5-6) pendant 15 minutes environ. Portez à ébullition la crème liquide, versez-la sur le chocolat, mélangez. Garnissez le fond de tarte avec la ganache. Réservez la tarte au réfrigérateur pendant au moins 1 heure.

Notre conseil : pour un résultat plus chocolaté, utilisez la pâte sablée au chocolat (voir p. 12).

TARTE AUX NOIX DE PÉCAN

8 pers. **Préparation : 15 min** **Cuisson : 40 min**

1 pâte sablée • 200 g de noix de pécan • 3 œufs • 100 g de sucre cassonade • 20 cl de sirop d'érable • 100 g de beurre • 2 cuil. à soupe de cacao

Réalisation

Disposez la pâte sablée dans un moule à tarte. Piquez le fond à l'aide d'une fourchette. Faites cuire au four à 160 °C (th. 5-6) pendant 15 minutes environ. Hachez les noix de pécan, disposez-les dans le fond de la tarte. Mélangez les œufs avec le sucre, ajoutez le sirop d'érable, le cacao, puis le beurre fondu. Versez le tout sur les noix de pécan. Faites cuire au four à 160 °C (th. 5-6) pendant 25 minutes environ. Saupoudrez de cacao avant de servir.

TARTE BANANE ET CACAHUÈTE

8 pers. **Préparation : 15 min** **Cuisson : 40 min**

1 pâte sablée • 2 bananes • 2 cuil. à soupe de cassonade
• 60 g de cacahuètes salées • 100 g de fromage blanc
• 100 g de crème • 2 œufs • 80 g de sucre • 30 g de cacao
• 20 g de farine

Réalisation

Disposez la pâte sablée dans un moule à tarte. Piquez le fond à l'aide d'une fourchette. Faites cuire au four à 160 °C (th. 5-6) pendant 15 minutes environ. Retirez la peau des bananes, coupez-les en rondelles. Faites-les caraméliser dans une poêle avec le sucre cassonade, disposez-les dans le fond de la tarte, ajoutez les cacahuètes hachées. Séparez les blancs des jaunes d'œufs. Mélangez les jaunes avec le fromage blanc et la crème, ajoutez le cacao et la farine. Montez les blancs en neige, ajoutez le sucre. Incorporez délicatement au mélange précédent. Garnissez la tarte et faites cuire au four à 160 °C (th. 5-6) pendant 25 minutes environ. Laissez un peu refroidir avant de déguster.

TARTE CHOCOLAT ET BADIANE

8 pers. **Prép. : 10 min** **Cuisson : 25 min** **Réfrigération : 1 h**

1 pâte sablée • 35 g de riz soufflé • 15 cl de lait • 10 cl de crème liquide • 200 g de chocolat noir • 2 badianes

Réalisation

Disposez la pâte sablée dans un moule à tarte. Piquez le fond à l'aide d'une fourchette. Faites cuire au four à 160 °C (th. 5-6) pendant 15 minutes environ. Portez à ébullition le lait avec la crème, ajoutez les badianes, laissez infuser pendant 10 minutes. Retirez les badianes, portez à nouveau à ébullition le mélange lait et crème, versez-le sur le chocolat coupé en petits morceaux. Mélangez. Disposez le riz soufflé dans le fond de la tarte et ajoutez la ganache. Réservez au frais pendant au moins 1 heure.

TARTE CHOCOLAT ET CITRON VERT

8 pers. **Préparation : 15 min** **Cuisson : 45 min**

1 pâte sablée • 200 g de chocolat noir • 10 cl de lait • 20 cl de crème liquide • 1 œuf • 1 citron vert

Réalisation

Faites précuire la pâte sablée piquée à la fourchette pendant 15 minutes au four à 160 °C (th. 5-6). Portez à ébullition la crème et le lait, versez-le sur le chocolat, mélangez. Ajoutez l'œuf et les zestes du citron vert. Garnissez le fond de tarte. Faites cuire au four à 100 °C (th. 2-3) pendant 30 minutes. Laissez refroidir avant de déguster.

TARTE CHOCOLAT, RÉGLISSE ET ABRICOTS

8 pers.   Préparation : 15 min   Cuisson : 45 min

1 pâte sablée • 300 g d'abricots • 10 cl de lait • 10 cl de crème • 2 œufs • 50 g de sucre • 100 g de chocolat noir • 4 bonbons à la réglisse • quelques amandes effilées

Faites précuire la pâte sablée pendant 15 minutes au four à 160 °C (th. 5-6). Déroulez les bonbons à la réglisse et coupez-les en très petits morceaux. Portez à ébullition le lait et la crème. Dans un saladier mélangez les œufs avec le sucre, ajoutez le chocolat fondu et les morceaux de bonbon à la réglisse, incorporez ensuite le lait et la crème. Coupez les abricots en deux, disposez-les dans le fond de tarte. Ajoutez l'appareil à flan, parsemez de quelques amandes effilées. Faites cuire au four à 160 °C (th. 5-6) pendant 30 minutes environ.

TARTE MANGUE ET CHOCOLAT AU LAIT

8 pers. **Préparation : 15 min** **Cuisson : 40 min**

1 pâte sablée • 2 mangues • 100 g de poudre d'amandes • 100 g de sucre • 100 g de beurre • 2 œufs • 100 g de chocolat au lait • 1 cuil. à soupe de pistaches hachées

Réalisation

Disposez la pâte sablée dans le moule à tarte. Épluchez les mangues, coupez-les en cubes d'1 cm de côté. Dans un petit saladier mélangez la poudre d'amandes avec le sucre et les œufs, ajoutez ensuite le beurre fondu. Coupez le chocolat en petits morceaux, incorporez-le au mélange précédent. Ajoutez par-dessus la pâte sablée la crème d'amandes, puis disposez les cubes de mangues et les pistaches hachées. Faites cuire au four à 160 °C (th. 5-6) pendant 40 minutes environ.

TARTE TATIN À LA PÊCHE

8 pers.   Préparation : 20 min   Cuisson : 45 min

1 pâte brisée • 12 pêches • 40 g de beurre • 3 cuil. à soupe de sucre • 1 cuil. à soupe de cacao

Réalisation

Épluchez les pêches, coupez les en quatre. Faites fondre le beurre, versez-le dans le moule et saupoudrez de sucre. Rangez les pêches dans le moule, saupoudrez avec le cacao. Enfournez à 200 °C (th. 6-7) pour 15 minutes, puis ajoutez la pâte brisée par-dessus les pêches et laissez cuire pendant encore 30 minutes à 160 °C (th. 5-6). Démoulez immédiatement la tarte. Dégustez-la tiède avec de la chantilly.

TARTELETTES À LA ROSE

4 pers. Préparation : 15 min   Cuisson : 15 min

200 g de pâte sablée • 4 cuil. à café de confiture de roses • 100 g de chocolat blanc • 25 cl de crème liquide • un peu d'eau de rose • 4 pétales de rose non traitée

Réalisation

Étalez la pâte sablée et garnissez-en 4 moules à tartelettes individuelles. Faites cuire au four à 160 °C (th. 5-6) pendant 15 minutes. Déposez dans le fond des tartelettes 1 cuillerée à café de confiture de roses. Faites fondre le chocolat blanc avec 5 cl de crème, ajoutez l'eau de rose. Montez le restant de la crème en chantilly, incorporez-la au mélange précédent. Garnissez les tartelettes, décorez avec les pétales de rose.

TARTELETTES AUX FRAMBOISES

4 pers.   **Préparation : 15 min**   **Cuisson : 15 min**

200 g de pâte sablée • 200 g de framboises • 1 citron
• 1 yaourt • 20 cl de crème • 100 g de chocolat blanc

Réalisation

Étalez la pâte sablée et garnissez 4 moules à tartelettes individuelles. Faites cuire au four à 160 °C (th. 5-6) pendant 15 minutes. Faites fondre le chocolat blanc, mélangez-le avec le yaourt, ajoutez les zestes du citron. Montez la crème en chantilly, incorporez-la au mélange précédent. Garnissez les tartelettes avec la mousse au chocolat blanc, ajoutez par-dessus les framboises.

TARTELETTES CHOCOLAT BLANC ET ORANGE

4 pers. **Prép. : 15 min** **Cuisson : 30 min** **Réfrigération : 30 min**

200 g de pâte sablée • 2 oranges non traitées • 2 cuil. à soupe de sucre • 100 g de crème liquide • 100 g de chocolat blanc

Réalisation

Étalez la pâte sablée et garnissez 4 moules à tartelettes individuelles. Faites cuire au four à 160 °C (th. 5-6) pendant 15 minutes. Coupez les oranges en deux, puis détaillez-les en fines lamelles. Faites-les cuire à feu doux avec le sucre pendant 15 minutes. Garnissez le fond des tartelettes avec la compotée d'oranges. Portez à ébullition la crème, versez-la sur le chocolat blanc, mélangez. Complétez les tartelettes, réservez-les au réfrigérateur pendant au moins 30 minutes.

TARTELETTES FRAISE-RHUBARBE

4 pers.   **Préparation : 15 min**   **Cuisson : 35 min**

200 g de pâte sablée • 100 g de fraises • 100 g de rhubarbe
congelée • 50 g de sucre • 80 g de beurre • 25 g de farine
• 50 g de poudre d'amandes • 50 g de sucre glace • 25 g
de cacao en poudre

Réalisation

Étalez la pâte sablée et garnissez 4 moules à tartelettes
individuelles. Faites cuire au four à 160 °C (th. 5-6)
pendant 15 minutes. Dans une casserole faites com-
poter la rhubarbe avec le sucre pendant 15 minutes
environ. Coupez les fraises en quatre, ajoutez-les à la
rhubarbe et garnissez le fond des tartelettes. Dans un
saladier mélangez, du bout des doigts, le beurre avec
la farine, le cacao, le sucre et la poudre d'amandes.
Ajoutez le crumble sur la compotée. Faites cuire au
four à 160 °C (th. 5-6) pendant 20 minutes environ.

TARTELETTES FRAMBOISES ET FIGUES

4 pers. **Préparation : 15 min** **Cuisson : 30 min**

200 g de pâte sablée • 8 figues fraîches • 100 g de framboises • 100 g de chocolat blanc • 1 œuf • 20 cl de lait • quelques amandes effilées

Réalisation

Étalez la pâte sablée et garnissez 4 moules à tartelettes individuelles. Faites cuire au four à 160 °C (th. 5-6) pendant 15 minutes. Disposez les framboises dans le fond des tartelettes, coupez les figues en quatre, ajoutez-les par-dessus les framboises. Portez le lait à ébullition, versez-le sur le chocolat blanc, mélangez. Ajoutez l'œuf. Complétez les tartelettes et ajoutez quelques amandes effilées. Faites cuire au four à 160 °C (th. 5-6) pendant 15 minutes environ.

TARTELETTES SOUFFLÉES AU CHOCOLAT

4 pers. **Préparation : 15 min** **Cuisson : 25 min**

200 g de pâte sablée • 170 g de crème liquide • 150 g de chocolat noir • 2 jaunes d'œufs • 3 œufs • 20 g de farine • 50 g de sucre

Réalisation

Étalez la pâte sablée et garnissez 4 moules à tartelettes individuelles. Faites cuire au four à 160 °C (th. 5-6) pendant 15 minutes. Mélangez les jaunes d'œufs et les œufs avec le sucre, faites tripler le mélange de volume. Portez à ébullition la crème et versez-la sur le chocolat. Mélangez, ajoutez la farine. Incorporez délicatement au mélange précédent. Garnissez le fond des tartelettes et faites cuire au four à 190 °C (th. 6-7) pendant 8 minutes. Dégustez immédiatement.

LES GÂTEAUX

•

QUATRE-QUARTS AU CHOCOLAT

6 pers. **Préparation : 15 min** **Cuisson : 25 min**

3 œufs • 150 g de sucre • 150 g de beurre • 150 g de farine
• 30 g de cacao • 1 cuil. à café de levure chimique

Réalisation

Dans un saladier, mélangez les œufs avec le sucre.
Ajoutez la farine, la levure, le cacao, puis le beurre
fondu. Versez la pâte dans un moule à cake beurré
et fariné. Faites cuire au four à 180 °C (th. 6) pendant
25 minutes environ.

ARDÉCHOIS

6 pers.   **Préparation : 15 min**   **Cuisson : 20 min**

3 œufs • 100 g de sucre • 1 cuil. à soupe de fécule de maïs • 80 g de farine de châtaigne • 50 g de beurre • 50 g de brisures de marron confit • 1 cuil. à café de levure chimique • 200 g de crème de marrons • 200 g de glaçage au chocolat (voir p. 10)

Réalisation

Mélangez les œufs avec le sucre, ajoutez la fécule, la farine et la levure. Incorporez ensuite le beurre fondu et les brisures de marron confit. Versez la pâte dans un moule rond beurré et fariné. Faites cuire au four à 180 °C (th. 6) pendant 20 minutes environ. Une fois que le gâteau est froid, coupez-le en trois (horizontalement). Recouvrez le 1er disque de crème de marron, superposez le suivant en renouvelant l'opération, terminez par un disque de biscuit. Recouvrez le gâteau avec le glaçage au chocolat légèrement tiède. Réservez-le au frais avant dégustation.

BROWNIES

6 pers. **Préparation : 15 min** **Cuisson : 25 min**

200 g de chocolat noir • 150 g de beurre • 120 g de sucre • 3 œufs • 60 g de farine • 80 g de noix de pécan

Réalisation

Faites fondre au bain-marie le chocolat avec le beurre, mélangez. Dans un saladier, mélangez les œufs avec le sucre, ajoutez le mélange beurre et chocolat, puis incorporez la farine et les noix de pécan hachées. Disposez un papier sulfurisé dans un moule, ajoutez la pâte à brownies. Faites cuire au four à 180 °C (th. 6) pendant 25 minutes environ. Laissez refroidir avant de démouler.

Notre conseil : le brownie ne semble pas cuit à la sortie du four, mais ne vous inquiétez pas, il prend de la consistance en refroidissant.

BÛCHE CHOCOLAT AU LAIT ET FRUIT DE LA PASSION

6 pers. **Prép. : 15 min** **Cuisson : 5 min** **Réfrigération : 30 min**

1 biscuit roulé au chocolat (voir p. 5) • 100 g de jus de fruit de la passion • 100 g de sucre • 2 œufs • 150 g de beurre • 15 cl de crème liquide • 150 g de chocolat au lait

Réalisation

Dans une casserole, versez le jus de fruit de la passion, ajoutez le sucre. Portez le tout à ébullition. Dans un saladier battez les œufs, versez par-dessus le jus bouillant, portez le tout à ébullition sans cesser de remuer. Ajoutez le beurre, mixez. Réservez la préparation au réfrigérateur pendant 30 minutes. Portez à ébullition la crème, versez-la sur le chocolat au lait, mélangez. Réservez cette ganache au réfrigérateur. Retournez le biscuit roulé sur un torchon, étalez la préparation au fruit de la passion sur l'ensemble du biscuit, roulez-le à l'aide du torchon et coupez les 2 extrémités. Recouvrez la bûche avec la ganache au chocolat au lait, striez-la à l'aide d'une fourchette. Décorez selon vos envies.

BÛCHE AU CHOCOLAT ET AUX MARRONS

6 pers. **Prép.:10 min** **Cuisson:5 min** **Réfrigération:30 min**

1 biscuit roulé au chocolat (voir p. 5) • 200 g de crème de marrons • 15 cl de crème liquide • 150 g de chocolat noir

Réalisation

Portez à ébullition la crème, versez-la sur le chocolat, mélangez. Réservez cette ganache au réfrigérateur 30 minutes. Retournez le biscuit roulé sur un torchon, étalez la crème de marrons sur l'ensemble du biscuit, roulez-le à l'aide du torchon et coupez les 2 extrémités. Recouvrez la bûche avec la ganache au chocolat noir, striez-la à l'aide d'une fourchette. Décorez selon vos envies.

BÛCHE FRAMBOISE ET PRALINÉ

6 pers. **Prép. : 15 min** **Cuisson : 5 min** **Réfrigération : 30 min**

1 biscuit roulé au chocolat (voir p. 5) • 200 g de confiture de framboises • 100 g de framboises • 15 cl de crème liquide • 150 g de chocolat au lait • 100 g de praliné

Réalisation

Portez à ébullition la crème, versez-la sur le chocolat, mélangez. Ajoutez le praliné et réservez cette ganache au réfrigérateur 30 minutes. Retournez le biscuit roulé sur un torchon, étalez la confiture de framboises sur l'ensemble du biscuit et parsemez de framboises. Roulez le biscuit à l'aide du torchon, coupez les 2 extrémités. Recouvrez la bûche avec la ganache au praliné, striez-la à l'aide d'une fourchette. Décorez selon vos envies.

CAKE AU CHOCOLAT

6 pers. **Préparation : 15 min** **Cuisson : 45 min**

3 œufs • 150 g de sucre • 20 cl de crème liquide • 130 g de farine • 1 cuil. à café de levure chimique • 1 pincée de sel • 60 g de cacao en poudre non sucré • 100 g de beurre • 50 g de chocolat noir

Réalisation

Passez le beurre quelques instants au micro-ondes afin qu'il soit mou, ajoutez le sucre et mélangez jusqu'à l'obtention d'un mélange lisse. Ajoutez les œufs, puis la crème liquide. Incorporez le sel, la farine, le cacao et la levure, puis le chocolat noir haché en petits morceaux. Beurrez et farinez un moule, versez la pâte. Faites cuire au four à 150 °C (th. 5) pendant 45 minutes environ. Vérifiez la cuisson avec la lame d'un couteau.

CAKE AUX NOIX

6 pers. **Préparation : 15 min** **Cuisson : 45 min**

100 g de beurre • 150 g de sucre • 150 g de farine • 30 g de cacao en poudre • 3 œufs • 1 cuil. à café de levure chimique • 1 pincée de sel • 10 cl de crème liquide • 200 g de noix

Réalisation

Passez le beurre quelques instants au micro-ondes afin qu'il soit mou, ajoutez le sucre et mélangez jusqu'à l'obtention d'un mélange lisse. Ajoutez les œufs, puis la crème liquide. Incorporez le sel, la farine, le cacao et la levure, puis les noix hachées en petits morceaux. Beurrez et farinez un moule, versez la pâte. Faites cuire au four à 150 °C (th. 5) pendant 45 minutes environ. Vérifiez la cuisson avec la lame d'un couteau.

CAKE AU CHOCOLAT ET AUX FRUITS CONFITS

6 pers. **Préparation : 15 min** **Cuisson : 45 min**

100 g de beurre • 100 g de sucre • 2 œufs • 5 cl de crème liquide • 150 g de farine • 50 g de cacao en poudre • 1 cuil. à café de levure chimique • 1 pincée de sel • 100 g de fruits confits en cubes • 50 g de cerises confites

Réalisation

Roulez les fruits confits dans un peu de farine. Passez le beurre quelques instants au micro-ondes afin qu'il soit mou, ajoutez le sucre et mélangez jusqu'à l'obtention d'un mélange lisse. Ajoutez les œufs, puis la crème liquide. Incorporez le sel, la farine, le cacao, la levure, puis les fruits confits. Beurrez et farinez un moule, versez la pâte. Faites cuire au four à 150 °C (th. 5) pendant 45 minutes environ. Vérifiez la cuisson avec la lame d'un couteau.

CAKE À LA BANANE ET PÉPITES DE CHOCOLAT

6 pers.   **Préparation : 15 min**   **Cuisson : 1 h**

100 g de beurre • 140 g de sucre • 3 œufs • 150 g de bananes • 250 g de farine • 1 cuil. à café de levure chimique • 1 cuil. à café de quatre-épices • 100 g de chocolat noir

Réalisation

Mixez la banane avec le beurre jusqu'à l'obtention d'une pâte bien lisse, ajoutez le sucre, puis les œufs. Incorporez la farine, la levure et le quatre-épices. Hachez le chocolat noir en petits morceaux, incorporez-le dans la pâte. Versez la pâte dans un moule à cake beurré et fariné. Faites cuire au four à 160 °C (th. 5-6) pendant 1 heure environ. Vérifiez la cuisson avec la lame d'un couteau.

CAKE ABRICOT-LAVANDE ET CHOCOLAT BLANC

6 pers. **Préparation : 15 min** **Cuisson : 1 h**

100 g de beurre • 120 g de sucre • 2 œufs • 5 cl de crème liquide • 200 g de farine • 1 pincée de sel • 1 cuil. à café de levure chimique • 150 g d'abricots secs • 100 g de chocolat blanc • 1 cuil. à soupe de fleurs de lavande comestibles

Réalisation

Coupez les abricots secs en cubes, hachez le chocolat blanc en petits morceaux. Passez le beurre quelques instants au micro-ondes afin qu'il soit mou, ajoutez le sucre, mélangez jusqu'à l'obtention d'un mélange lisse. Ajoutez les œufs, puis la crème liquide. Incorporez le sel, la farine et la levure. Ajoutez enfin les abricots préalablement farinés, le chocolat et les fleurs de lavande. Versez la pâte dans un moule à cake beurré et fariné. Faites cuire au four à 160 °C (th. 5-6) pendant 1 heure environ. Vérifiez la cuisson avec la lame d'un couteau.

CAKE MARBRÉ

6 pers. **Préparation : 15 min** **Cuisson : 1 h**

120 g de beurre • 200 g de sucre • 2 œufs • 1 pincée de sel • 10 cl de crème liquide • 200 g de farine • 1 cuil. à café de levure chimique • 30 g de cacao

Réalisation

Passez le beurre quelques instants au micro-ondes afin qu'il soit mou, ajoutez le sucre, mélangez jusqu'à l'obtention d'un mélange lisse. Ajoutez les œufs, puis la crème liquide. Incorporez le sel, la farine et la levure. Divisez la pâte en 2 moitiés, ajoutez dans l'une d'elles le cacao. Dans une moule à cake beurré et fariné, déposez successivement un peu de chaque pâte. Faites cuire au four à 160 °C (th. 5-6) pendant 1 heure environ. Vérifiez la cuisson avec la lame d'un couteau.

CHARLOTTE AUX FRAMBOISES ET À L'ANIS

6 pers. **Préparation : 15 min** **Réfrigération : 2 h**

20 biscuits à la cuillère • 2 cl de sirop de framboise • 200 g de framboises • 20 cl de crème liquide • 100 g de chocolat blanc • 2 cl de sirop à l'anis

Réalisation

Dans une assiette creuse, diluez le sirop de framboise avec 15 cl d'eau chaude. Coupez une extrémité des biscuits, trempez-les dans le sirop et retirez-les immédiatement. Disposez-les sur le pourtour d'un moule à charlotte, puis au fond du moule. Faites fondre le chocolat blanc avec 5 cl de crème liquide, ajoutez le sirop d'anis. Montez le restant de la crème liquide en chantilly, incorporez-la délicatement au mélange précédent. Ajoutez une couche de mousse à l'anis au fond du moule, parsemez de framboises. Ajoutez une autre couche de biscuits, puis une couche de mousse à l'anis parsemée de framboises. Terminez par une couche de biscuits. Réservez la charlotte au moins 2 heures au réfrigérateur. Démoulez-la et décorez avec quelques framboises.

CHARLOTTE PÊCHE ET CHOCOLAT AU LAIT

6 pers. **Préparation : 15 min** **Réfrigération : 2 h**

20 biscuits à la cuillère • 2 cl de sirop à la pêche • 1 boîte de pêches au sirop • 20 cl de crème liquide • 100 g de chocolat au lait

Réalisation

Égouttez les pêches, coupez-les en quartiers. Dans une assiette creuse, diluez le sirop de pêche avec 15 cl d'eau chaude. Coupez une extrémité des biscuits, trempez-les dans le sirop et retirez-les immédiatement. Disposez-les sur le pourtour du moule à charlotte, puis au fond du moule. Faites fondre le chocolat avec 5 cl de crème liquide. Montez le restant de la crème liquide en chantilly, incorporez-la délicatement au mélange précédent. Ajoutez une couche de mousse au chocolat au fond du moule, déposez des quartiers de pêches. Ajoutez une autre couche de biscuits, puis une couche de mousse et des quartiers de pêches. Terminez par une couche de biscuits. Réservez la charlotte au moins 2 heures au réfrigérateur avant de la démouler.

CHEESE-CAKE CHOCOLAT-CAFÉ

6 pers. **Préparation : 15 min** **Cuisson : 45 min** **Repos : 2 h**

1 pâte sucrée • 400 g de fromage Philadelphia® • 3 œufs • 100 g de sucre • 20 g de fécule de maïs • 20 g de café soluble • 100 g de chocolat noir

Réalisation

Placez la pâte sucrée dans le moule. Faites-la précuire au four à 160 °C (th. 5-6) pendant 10 minutes environ. Faites fondre le chocolat au micro-ondes (ou au bain-marie). Dans un saladier fouettez le fromage avec le sucre pendant 4 à 5 minutes de manière à obtenir un mélange bien lisse. Dans un bol, cassez les œufs et battez-les. Incorporez-les au mélange précédent. Ajoutez la fécule ainsi que le café soluble (dissous dans un peu d'eau chaude) et le chocolat fondu. Versez le tout par-dessus la pâte. Faites cuire au four à 160 °C (th. 5-6) pendant 35 minutes environ. Laissez reposer au réfrigérateur pendant 2 heures avant de déguster.

CHEESE-CAKE CHOCOLAT BLANC ET FRUITS ROUGES

6 pers.   **Préparation : 15 min**   **Cuisson : 45 min**   **Repos : 2 h**

1 pâte sucrée • 400 g de fromage Philadelphia® • 3 œufs • 100 g de sucre • 20 g de fécule de maïs • 100 g de fruits rouges • 100 g de chocolat blanc

Réalisation

Placez la pâte sucrée dans le moule. Faites-la précuire au four à 160 °C (th. 5-6) pendant 10 minutes environ. Faites fondre le chocolat au micro-ondes (ou au bain-marie). Dans un saladier fouettez le fromage avec le sucre pendant 4 à 5 minutes de manière à obtenir un mélange bien lisse. Dans un bol, cassez les œufs et battez-les. Incorporez-les au mélange précédent. Ajoutez la fécule, le chocolat fondu et les fruits rouges. Versez le tout par-dessus la pâte. Faites cuire au four à 160 °C (th. 5-6) pendant 35 minutes environ. Laissez reposer au réfrigérateur pendant 2 heures avant de déguster.

CLAFOUTIS À LA CERISE

6 pers. **Préparation : 15 min** **Cuisson : 40 min**

500 g de cerises • 4 œufs • 125 g de sucre • 25 cl de lait • 80 g de farine • 100 g de chocolat noir • 1 cuil. à café de levure chimique

Réalisation

Beurrez et farinez un moule, ajoutez les cerises dénoyautées. Faites fondre le chocolat au bain-marie (ou au micro-ondes). Dans un saladier mélangez les œufs avec le sucre, ajoutez le chocolat fondu. Incorporez la farine, la levure, puis le lait chaud. Versez la pâte à clafoutis par-dessus les cerises. Faites cuire au four à 160 °C (th. 5-6) pendant 40 minutes environ.

CROUSTILLANT CHOCOLAT-NOISETTE

6 pers.   **Prép. : 15 min**   **Congélation : 2 h**   **Repos : 2 à 3 h**

150 g de chocolat au lait • 50 g de crêpes dentelle • 50 g de noisettes • 25 cl de crème liquide • 200 g de glaçage chocolat (voir p. 10)

Réalisation

Faites fondre le chocolat au bain-marie. Hachez les noisettes, brisez les crêpes dentelle en petits morceaux. Mélangez 50 g de chocolat au lait avec les noisettes hachées et les brisures de crêpes dentelle. Chemisez un moule à gâteau rond de 20 cm de diamètre environ avec du papier film. Étalez le croustillant à la noisette au fond du moule. Ajoutez 5 cl de crème au restant du chocolat. Montez la crème liquide en chantilly, incorporez-la au mélange précédent. Versez la mousse par-dessus le croustillant. Placez le gâteau pendant 2 heures au congélateur. Réchauffez ensuite le glaçage au chocolat. Démoulez le gâteau en retirant le film, placez-le sur une grille et recouvrez-le de glaçage. Laissez-le décongeler avant de le déguster (1 heure à température ambiante, 3 heures au réfrigérateur).

FAR BRETON ABRICOT ET CHOCOLAT AU LAIT

6 pers. **Préparation : 15 min** **Cuisson : 45 min**

250 g de farine • 200 g de sucre • 5 œufs • 75 cl de lait • 12 abricots • 1 cuil. à soupe de rhum • 100 g de chocolat au lait

Réalisation

Coupez les abricots en quartiers. Faites fondre le chocolat au micro-ondes (ou au bain-marie). Mélangez les œufs avec le sucre et le rhum, ajoutez le chocolat fondu, puis la farine. Incorporez petit à petit le lait. Beurrez et farinez un moule, ajoutez les quartiers d'abricots, recouvrez avec l'appareil. Faites cuire au four à 180 °C (th. 6) pendant 45 minutes environ.

FONDANT AU CHOCOLAT

6 pers.   **Préparation : 10 min**   **Cuisson : 20 min**

200 g de chocolat noir • 200 g de beurre • 150 g de sucre
en poudre • 50 g de farine • 3 œufs

Réalisation

Faites fondre au bain-marie (ou au micro-ondes) le
chocolat avec le beurre. Mélangez les œufs avec le
sucre, ajoutez le mélange chocolat et beurre, incorporez la farine. Beurrez et farinez le moule, versez
la pâte. Faites cuire au four à 160 °C (th. 5-6) pendant 20 minutes environ et laissez refroidir avant de
démouler. Saupoudrez de sucre glace avant de servir.

FONDANT AU CHOCOLAT ET À LA CERISE

6 pers. **Prép. : 15 min** **Cuisson : 5 min** **Congélation : 1 h**

1 biscuit roulé au chocolat (voir recette p. 5) • 200 g de cerises confites • 25 cl de crème liquide • 200 g de chocolat noir • un peu de cacao

Réalisation

Chemisez un moule à cake de papier film. Découpez le biscuit roulé de manière à recouvrir toutes les parois et le fond du moule. Conservez le restant du biscuit. Faites fondre le chocolat avec 5 cl de crème liquide. Montez le restant de la crème en chantilly. Incorporez-la délicatement au mélange précédent. Ajoutez les cerises confites. Garnissez le moule avec la mousse aux cerises, recouvrez avec le restant du biscuit. Placez le moule pendant 1 heure au congélateur. Démoulez, saupoudrez de cacao. Réservez au réfrigérateur avant de servir.

FONDANTS AU NUTELLA

4 pers.   **Préparation : 10 min**   **Cuisson : 8 min**

60 g de beurre • 120 g de pâte à tartiner • 3 œufs • 100 g de sucre • 50 g de farine

Réalisation

Faites fondre la pâte à tartiner avec le beurre au bain-marie. Mélangez les œufs et le sucre, ajoutez la farine. Mélangez les 2 préparations.

Garnissez de petits moules en aluminium ou des cercles à pâtisserie chemisés de papier sulfurisé. Faites cuire au four 190 °C (th. 6-7) pendant 8 minutes. Retirez les cercles ou moules, dégustez immédiatement.

FONDANTS CHOCOLAT ET GINGEMBRE

4 pers. **Préparation : 15 min** **Cuisson : 8 min**

90 g de beurre • 100 g de chocolat noir 70 % • 3 œufs • 120 g de sucre • 50 g de farine • 20 g de gingembre frais • 50 g d'amandes hachées

Réalisation

Épluchez le gingembre. Râpez-le très finement. Faites fondre le chocolat avec le beurre au bain-marie (ou au micro-ondes), ajoutez le gingembre et les amandes. Mélangez les œufs et le sucre, ajoutez la farine. Mélangez les 2 préparations.

Garnissez de petits moules en aluminium ou des cercles à pâtisserie chemisés de papier sulfurisé. Faites cuire au four 190 °C (th. 6-7) pendant 8 minutes. Retirez les cercles ou moules, saupoudrez de sucre glace. Dégustez immédiatement.

FORÊT-NOIRE

6 pers. **Préparation : 15 min**

1 génoise au chocolat (voir p. 9) • 10 cl d'eau • 50 g de sucre • 1 cuil. à soupe de kirsch • 20 cl de crème liquide • 1 sachet de sucre vanillé • 200 g de cerises amarena • 100 g de chocolat noir

Réalisation

Coupez horizontalement la génoise en trois. Portez à ébullition l'eau avec le sucre, ajoutez le kirsch. Imbibez les disques de génoise à l'aide d'un pinceau. Montez la crème liquide en chantilly, ajoutez le sucre vanillé. Recouvrez un disque de génoise de chantilly, ajoutez la moitié des cerises, renouvelez l'opération 1 fois et terminez le montage par un disque de génoise. Recouvrez l'ensemble du gâteau de chantilly. Réalisez à l'aide d'un éplucheur des copeaux de chocolat noir. Disposez-les par-dessus la chantilly.

GÂTEAU À L'ANANAS CARAMÉLISÉ

6 pers. **Préparation : 15 min** **Cuisson : 35 min**

150 g de beurre • 100 g de chocolat au lait • 200 g de farine • 20 g de cacao • 200 g de sucre • 5 œufs • 1 boite d'ananas en tranches • 1 cuil. à café de levure

Réalisation

Préchauffez votre four à 200 °C (th. 7). Faites fondre le beurre et le chocolat au bain-marie (ou au micro-ondes). Dans un saladier mélangez les œufs avec 150 g de sucre. Ajoutez la farine, le cacao et la levure, puis incorporez le mélange chocolat et beurre. Saupoudrez votre moule avec le restant du sucre, placez-le au four pendant 5 à 7 minutes de manière que le sucre caramélise. Ajoutez les tranches d'ananas au fond du moule, recouvrez avec la pâte. Faites cuire au four à 160 °C (th. 5-6) pendant 30 minutes environ.

GÂTEAU POIRE ET CHOCOLAT

6 pers. **Préparation : 15 min** **Cuisson : 25 min**

6 cuil. à soupe de sucre • 2 œufs • 5 cuil. à soupe de farine
• 1 cuil. à soupe de cacao • 6 cuil. à soupe d'huile • 1 cuil. à
café de levure • 4 poires • 100 g de chocolat noir

Réalisation

Dans un saladier, mélangez les œufs avec le sucre.
Ajoutez la farine, le cacao, la levure, puis l'huile.
Épluchez les poires, coupez-les en deux, retirez l'intérieur et émincez-les. Hachez le chocolat en petits
morceaux. Incorporez à la pâte les poires et le chocolat. Beurrez et farinez un moule rond de 25 cm de
diamètre. Faites cuire au four à 180 °C (th. 6) pendant
25 minutes environ.

LE TOUT CHOCOLAT

6 pers.   **Prép. : 15 min**   **Cuisson : 8 min**   **Réfrigération : 1 h**

3 œufs • 100 g de sucre • 20 g de fécule de maïs • 80 g
de poudre d'amandes • 30 g de cacao en poudre • 400 g
de ganache chocolat noir (voir p. 8) • 200 g de glaçage
chocolat (voir p. 10)

Réalisation

Séparez les jaunes des blancs d'œufs. Dans un
saladier mélangez les jaunes d'œufs avec le sucre,
ajoutez la fécule, le cacao et la poudre d'amandes.
Montez les blancs d'œufs en neige et incorporez-les
délicatement au mélange précédent. Étalez le biscuit
sur une plaque à four préalablement recouverte de
papier sulfurisé. Faites cuire au four à 190 °C (th. 6-7)
pendant 8 minutes environ. Détaillez 3 disques de
même diamètre. Recouvrez 2 disques de ganache,
posez-les l'un sur l'autre et terminez le montage avec
le 3e biscuit. Placez le gâteau pendant 1 heure au
réfrigérateur, puis nappez-le avec le glaçage chocolat.

Notre conseil : le glaçage doit s'utiliser quand il est
fluide ; réchauffez-le au micro-ondes si besoin.

MILLE-FEUILLES AU CHOCOLAT

6 pers.   **Préparation : 15 min**   **Cuisson : 30 min**

300 g de feuilletage • 400 g de crème pâtissière au chocolat (voir p. 8) • 20 g de cacao

Réalisation

Piquez le feuilletage. Disposez-le sur une plaque à four préalablement recouverte de papier sulfurisé, ajoutez par-dessus un autre papier sulfurisé et une grille (de manière que le feuilletage ne gonfle pas trop). Faites cuire au four à 180 °C (th. 6) pendant 30 minutes environ. Découpez le feuilletage en 3 rectangles égaux. Recouvrez 2 rectangles de crème pâtissière au chocolat, disposez-les l'un par-dessus l'autre et ajoutez le 3e rectangle de feuilletage. Saupoudrez de cacao. Dégustez immédiatement.

Notre conseil : la crème pâtissière doit être bien froide pour le montage du mille-feuilles.

MOELLEUX À LA POMME ET AU SAFRAN

6 pers. **Préparation : 15 min** **Cuisson : 40 min**

5 pommes • 150 g de beurre • 100 g de chocolat noir • 200 g de sucre en poudre • 3 œufs • 20 cl de crème liquide • 200 g de farine • 1 cuil. à café de levure chimique • 1 pincée de safran en poudre

Réalisation

Épluchez les pommes et coupez-les en cubes d'1 cm de côté environ. Faites fondre le beurre au micro-ondes. Hachez le chocolat en petits morceaux. Dans un saladier mélangez les œufs avec le sucre, ajoutez la farine, la levure et le safran. Ajoutez la crème liquide et le beurre fondu, incorporez les cubes de pommes et le chocolat haché. Beurrez et farinez un moule rond de 25 cm de diamètre. Faites cuire au four à 160 °C (th. 5-6) pendant 40 minutes environ. Vérifiez la cuisson à l'aide d'un couteau.

MOELLEUX AU CHOCOLAT

4 pers. **Préparation : 10 min** **Cuisson : 8 min**

90 g de beurre • 100 g de chocolat noir • 3 œufs • 120 g de sucre • 50 g de farine

Réalisation

Faites fondre le chocolat avec le beurre au bain-marie (ou au micro-ondes). Mélangez les œufs et le sucre, ajoutez la farine. Mélangez les 2 préparations. Garnissez de petits moules en aluminium ou des cercles à pâtisserie chemisés de papier sulfurisé. Faites cuire au four 190 °C (th. 6-7) pendant 8 minutes. Retirez les cercles ou moules, dégustez immédiatement.

Notre conseil : la durée de cuisson peut varier selon la taille du moule. Vérifiez régulièrement en plantant la pointe d'un couteau dans le mœlleux.

PAIN D'ÉPICE AU CHOCOLAT

6 pers. **Préparation : 15 min** **Cuisson : 1 h**

10 cl de lait • 150 g de miel • 50 g de beurre • 200 g de farine • 1 pincée de sel • 1 cuil. à café de levure chimique • 50 g de cubes d'écorces d'oranges confites • 1 cuil. à café de poudre quatre-épices • 1 cuil. à café de cannelle • 150 g de chocolat noir

Réalisation

Hachez le chocolat noir en petits morceaux. Dans une casserole faites chauffer le lait avec le miel et le beurre jusqu'à ce que l'ensemble soit fondu. Dans un saladier mélangez la farine avec le sel, la levure et les épices, versez par-dessus le mélange précédent. Ajoutez les cubes d'oranges confites et le chocolat haché. Versez la pâte dans un moule à cake beurré et fariné. Faites cuire au four à 160 °C (th. 5-6) pendant 1 heure environ. Vérifiez la cuisson avec la lame d'un couteau.

Notre conseil : pour un meilleur résultat, ajoutez une demi-cuillerée à café de bicarbonate de soude.

PUDDING AU CHOCOLAT

6 pers. **Préparation : 15 min** **Cuisson : 45 min**

400 g de pain rassis (ou de brioche) • 60 cl de lait + 20 cl pour imbiber le pain • 6 jaunes d'œufs • 100 g de sucre • 200 g de chocolat noir

Réalisation

Imbibez le pain (ou la brioche) rassis avec un peu de lait. Dans un saladier mélangez les jaunes d'œufs avec le sucre. Portez à ébullition le lait, versez-le sur le mélange précédent. Faites cuire le tout comme une crème anglaise, ajoutez le chocolat coupé en petits morceaux et mixez. Placez les tranches de pain (ou de brioche) dans le moule, versez par-dessus la crème anglaise au chocolat. Faites cuire au four à 160 °C (th. 5-6) pendant 45 minutes environ.

LES PETITS GÂTEAUX

•

BUGNES AU CHOCOLAT

4 pers. **Préparation : 15 min**   **Cuisson : 3 min**   **Repos : 30 min**

200 g de farine • 30 g de cacao • 1 œuf • 2 cuil. à soupe de sucre • 1 cuil. à café de levure chimique • 1 cuil. à soupe de rhum • 10 cl de lait • 1 pincée de sel • 75 g de beurre • 1 orange • 1 l d'huile pour friture • un peu de sucre glace

Réalisation

Dans un saladier, mélangez la farine, le cacao, le sel, la levure et le sucre. Ajoutez l'œuf et le beurre fondu, puis les zestes de l'orange, le rhum et le lait. Travaillez la pâte jusqu'à l'obtention d'une boule. Laissez-la reposer 30 minutes au réfrigérateur. Étalez-la sur une épaisseur de 3 mm. Détaillez-la en bandes de 10 cm sur 3 cm. Incisez-les au milieu. Plongez les bugnes dans la friture, retournez-les à mi-cuisson, égouttez-les sur du papier absorbant. Saupoudrez de sucre glace.

CANNELÉS AU CHOCOLAT

4 pers.   **Préparation : 10 min**   **Repos : 12 h**   **Cuisson : 35 min**

100 g de chocolat noir • 50 cl de lait • 80 g de beurre
• 2 œufs • 2 jaunes d'œufs • 1 gousse de vanille • 250 g de
sucre semoule • 100 g de farine • 25 g de cacao en poudre
• 5 cl de rhum • 1 pincée de sel

Réalisation

Portez la moitié du lait à ébullition avec le beurre et
la gousse de vanille fendue en deux. Versez-le sur
le chocolat et remuez jusqu'à ce que le mélange soit
homogène, ajoutez le restant du lait froid. Mélangez
les œufs entiers et les jaunes avec le sel et le sucre.
Incorporez la farine et le cacao. Ajoutez petit à petit
le mélange lait-beurre-chocolat. Laissez reposer la
pâte au réfrigérateur pendant 12 heures (versez-la
dans une bouteille en plastique, afin de faciliter
le remplissage des moules). Beurrez des moules à
cannelés. Versez la pâte en remplissant les alvéoles
aux 4/5 de la hauteur et faites cuire 35 minutes au
four à 200 °C (th. 7).

COOKIES NOIX DE COCO, CITRON VERT ET CHOCOLAT BLANC

4 pers. **Préparation : 15 min** **Cuisson : 15 min**

100 g de beurre • 60 g de cassonade • 1 œuf • 100 g de farine • 1 cuil. à café de levure chimique • 150 g de chocolat blanc • 50 g de noix de coco râpée • 1 citron vert

Réalisation

Passez le beurre quelques secondes au micro-ondes afin qu'il soit mou. Mélangez-le bien avec le sucre cassonade, ajoutez l'œuf et la farine. Incorporez le chocolat haché en petits morceaux, puis la noix de coco râpée et le zeste du citron vert.

Sur une plaque de four recouverte de papier sulfurisé, formez de petites boules. Faites cuire au four à 160 °C (th. 5-6) pendant 15 minutes environ.

Notre conseil : espacez suffisamment les petites boules de cookies, car la pâte s'étale à la cuisson.

COOKIES ORANGE, CACAHUÈTE ET CHOCOLAT NOIR

4 pers.   **Préparation : 15 min**   **Cuisson : 15 min**

100 g de beurre • 60 g de cassonade • 1 œuf • 100 g de farine • 1 cuil. à café de levure chimique • 150 g de chocolat noir • 50 g de dés d'oranges confites • 50 g de cacahuètes

Réalisation

Passez le beurre quelques secondes au micro-ondes afin qu'il soit mou. Mélangez-le bien avec le sucre cassonade, ajoutez l'œuf et la farine. Incorporez le chocolat haché en petits morceaux, puis les dés d'oranges confites et les cacahuètes hachées. Sur une plaque de four recouverte de papier sulfurisé, formez de petites boules. Faites cuire au four à 160 °C (th. 5-6) pendant 15 minutes environ.

Notre conseil : espacez suffisamment les petites boules de cookies, car la pâte s'étale à la cuisson.

COOKIES RAISIN, NOISETTE ET CHOCOLAT AU LAIT

4 pers. **Préparation : 15 min** **Cuisson : 15 min**

100 g de beurre • 60 g de cassonade • 1 œuf • 100 g de farine • 1 cuil. à café de levure chimique • 150 g de chocolat au lait • 50 g de raisins secs • 50 g de noisettes

Réalisation

Passez le beurre quelques secondes au micro-ondes afin qu'il soit mou. Mélangez-le bien avec le sucre cassonade, ajoutez l'œuf et la farine. Incorporez le chocolat haché en petits morceaux, puis les raisins secs et les noisettes hachées. Sur une plaque de four recouverte de papier sulfurisé, formez de petites boules. Faites cuire au four à 160 °C (th. 5-6) pendant 15 minutes environ.

DIAMANTS AU CHOCOLAT

4 pers. **Préparation : 15 min**   **Repos : 15 min**   **Cuisson : 12 min**

150 g de beurre • 75 g de sucre • 180 g de farine • 30 g de cacao • un peu de sucre pour le décor

Réalisation

Passez le beurre quelques secondes au micro-ondes afin qu'il soit mou. Mélangez-le bien avec le sucre, puis incorporez la farine et le cacao. Formez des boudins de 3 cm de diamètre, roulez-les dans le sucre. Réservez les boudins au moins 15 minutes au réfrigérateur afin qu'ils durcissent. Coupez les boudins en rondelles de 4 mm d'épaisseur. Disposez-les sur une plaque à four recouverte de papier sulfurisé. Faites cuire au four à 160 °C (th. 5-6) pendant 12 minutes environ.

FINANCIERS NOIX ET CHOCOLAT

4 pers. **Préparation : 15 min** **Cuisson : 15 min**

50 g de poudre d'amandes • 50 g de farine • 150 g de sucre glace • 120 g de beurre • 4 blancs d'œufs • 50 g de noix • 50 g de chocolat noir

Réalisation

Mélangez la poudre d'amandes avec la farine et le sucre glace, ajoutez les blancs d'œufs, puis le beurre fondu. Hachez les noix et le chocolat, incorporez-les au mélange. Garnissez de petits moules. Faites cuire au four à 180 °C (th. 6) pendant 10 à 15 minutes suivant la taille des financiers.

Notre conseil : utilisez des moules en silicone pour cuire les financiers ; ils assurent une bonne cuisson et un démoulage très facile.

LINGOT CHOCOLAT-PISTACHE

4 pers. **Préparation : 15 min** **Réfrigération : 4 h**

400 g de chocolat noir • 125 g de beurre • 4 jaunes d'œufs • 50 g de sucre glace • 15 cl de crème liquide • 150 g de pistaches émondées

Réalisation

Faites fondre le chocolat et le beurre au micro-ondes (ou au bain-marie), ajoutez la crème liquide et mélangez. Fouettez pendant 5 minutes les jaunes d'œufs avec le sucre glace, incorporez-les délicatement au mélange précédent, ajoutez les pistaches. Versez la pâte dans un moule large (recouvert de papier film) de manière à obtenir une épaisseur de 2 cm. Réservez au réfrigérateur pendant au moins 4 heures. Démoulez le gâteau, retirez le film et découpez des lingots de 2 cm de large sur 6 cm de long.

LUNETTES À LA PÂTE À TARTINER

4 pers. **Préparation : 15 min** **Cuisson : 12 min**

200 g de pâte sablée au chocolat (voir p. 12) • 100 g de pâte
à tartiner

Réalisation

Découpez 8 disques de pâte sablée de 8 cm de diamètre. Ajourez 4 disques (découpez un rond de pâte
plus petit à l'intérieur). Faites cuire le tout sur une
plaque à four recouverte de papier sulfurisé pendant
12 minutes à 160 °C (th. 5-6). Recouvrez les 4 disques
non ajourés de pâte à tartiner, disposez par-dessus
les disques ajourés.

MACARONS AU CHOCOLAT BLANC

8 pers. **Préparation : 20 min** **Cuisson : 15 min** **Repos : 20 min**

100 g de poudre d'amandes • 150 g de sucre glace • 2 blancs d'œufs • 50 g de sucre • 200 g de ganache au chocolat blanc (voir p. 8)

Réalisation

Mixez la poudre d'amandes avec le sucre glace. Dans un saladier, montez en neige les blancs d'œufs et ajoutez le sucre. Incorporez délicatement le mélange sucre glace et poudre d'amandes aux blancs d'œufs montés en neige. À l'aide d'une poche à douille, réalisez sur une plaque de four recouverte de papier sulfurisé de petites boules. Elles vont naturellement s'aplatir ; laissez-les «croûter» à l'air libre pendant 20 minutes avant de les faire cuire au four à 150 °C (th. 5) pendant 15 à 20 minutes suivant leur taille. Décollez les macarons de la plaque du four et collez-les deux à deux avec la ganache.

MACARONS AU CHOCOLAT NOIR

8 pers. **Préparation : 20 min** **Cuisson : 15 min** **Repos : 20 min**

100 g de poudre d'amandes • 140 g de sucre glace • 20 g de cacao en poudre • 2 blancs d'œufs • 50 g de sucre • 200 g de ganache au chocolat noir (voir p. 8)

Réalisation

Mixez la poudre d'amandes avec le sucre glace et le cacao. Dans un saladier, montez en neige les blancs d'œufs et ajoutez le sucre. Incorporez délicatement le mélange sucre glace et poudre d'amandes aux blancs d'œufs montés en neige. À l'aide d'une poche à douille, réalisez sur une plaque de four recouverte de papier sulfurisé de petites boules. Elles vont naturellement s'aplatir, laissez-les «croûter» à l'air libre pendant 20 minutes avant de les faire cuire au four à 150 °C (th. 5) pendant 15 à 20 minutes suivant leur taille. Décollez les macarons de la plaque du four, puis collez-les deux à deux avec la ganache.

MADELEINES AU CHOCOLAT

4 pers. **Préparation : 15 min** **Cuisson : 10 min**

100 g de sucre • 2 œufs • 5 cl de lait • 1 cuil. à café de miel
• ½ gousse de vanille • 150 g de farine • 1 cuil. à soupe de
cacao • 1 cuil. à café de levure chimique • 60 g de beurre
• 1 orange • 1 citron

Réalisation

Beurrez et farinez un moule à madeleines. Mélangez
au fouet le sucre avec les œufs. Dans une casserole
faites tiédir le lait, ajoutez le miel et la gousse de vanille
fendue en deux et grattée. Laissez infuser 5 minutes.
Retirez la gousse de vanille, ajoutez ce mélange au
précédent. Incorporez la farine, le cacao et la levure,
puis ajoutez le beurre fondu très chaud ainsi que les
zestes de l'orange et du citron. Garnissez le moule,
faites cuire les madeleines dans un four à 200 °C (th. 7)
pendant 5 minutes. Baissez la température à 160 °C
(th. 5-6) et laissez cuire pendant encore 5 minutes.

PETITES MERINGUES AU CHOCOLAT

6 pers. **Préparation : 15 min** **Cuisson : 1 h**

3 blancs d'œufs • 200 g de sucre • 30 g de cacao en poudre

Réalisation

Dans un saladier montez les blancs d'œufs en neige et ajoutez progressivement le sucre sans cesser de remuer. Incorporez délicatement le cacao en poudre à l'aide d'une spatule. Sur une plaque de cuisson recouverte de papier sulfurisé, formez de petites meringues à l'aide d'une poche à douille. Faites cuire au four à 100 °C (th. 2-3) pendant 1 heure environ.

Notre conseil : vous pouvez ensuite tremper la moitié de vos meringues dans du chocolat fondu pour obtenir des meringues plus chocolatées.

MUFFINS AU CHOCOLAT NOIR
ET AUX MYRTILLES

4 pers.   **Préparation : 15 min**   **Cuisson : 20 min**

150 g de farine • 80 g de sucre • 10 cl de lait • 100 g de beurre • 1 œuf • 1 cuil. à café de levure chimique • 1 pincée de sel • 80 g de chocolat noir • 150 g de myrtilles congelées

Réalisation

Dans un saladier, mélangez la farine avec le sucre, la levure et le sel. Ajoutez l'œuf et la farine, incorporez le beurre fondu. Hachez le chocolat, ajoutez-le à la pâte avec les myrtilles congelées. Garnissez de petits moules ronds en aluminium ou en silicone. Faites cuire au four à 160 °C (th. 5-6) pendant 20 minutes environ.

MUFFINS CHOCOLAT BLANC ET CRANBERRIES

4 pers.   **Préparation : 15 min**   **Cuisson : 20 min**

150 g de farine • 80 g de sucre • 10 cl de lait • 100 g de beurre • 1 œuf • 1 cuil. à café de levure chimique • 1 pincée de sel • 80 g de chocolat blanc • 150 g de cranberries congelées

Réalisation

Dans un saladier, mélangez la farine avec le sucre, la levure et le sel. Ajoutez l'œuf et le lait, incorporez le beurre fondu. Hachez le chocolat, ajoutez-le à la pâte avec les cranberries congelées. Garnissez de petits moules ronds en aluminium ou en silicone. Faites cuire au four à 160 °C (th. 5-6) pendant 20 minutes environ.

PANCAKES CHOCOLATÉS

4 pers. Préparation : 15 min Cuisson : 10 min

200 g de farine • 2 œufs • 50 g de sucre • 25 cl de lait • 50 g de beurre • 1 pincée de sel • 30 g de cacao

Réalisation

Dans un saladier, mélangez la farine avec le cacao, le sucre et le sel. Séparez les blancs d'œufs des jaunes. Ajoutez les jaunes au mélange précédent, puis le beurre fondu et le lait. Incorporez les blancs montés en neige. Garnissez des moules de 10 cm de diamètre, faites cuire au four à 190 °C (th. 6-7) pendant 10 minutes environ.

ROCHERS COCO ET CHOCOLAT

6 pers.   **Préparation : 15 min**   **Cuisson : 15 min**

2 blancs d'œufs • 100 g de sucre • 1 cuil. à soupe de miel
• 125 g de noix de coco râpée • 100 g de chocolat noir

Réalisation

Au bain-marie, fouettez pendant 5 minutes les blancs d'œufs avec le sucre et le miel. Ajoutez la noix de coco râpée.

Sur une plaque de four recouverte de papier sulfurisé, formez de petits tas. Faites cuire au four à 180 °C (th. 6) pendant 12 minutes environ. Faites fondre le chocolat au bain-marie, trempez les rochers coco partiellement dans le chocolat fondu.

SABLÉS AU CHOCOLAT

4 pers.   **Préparation : 15 min**   **Cuisson : 15 min**

80 g de beurre • 80 g de sucre • 1 pincée de sel • 2 jaunes d'œufs • 120 g de farine • 30 g de cacao • 1 cuil. à café de levure chimique

Réalisation

Passez le beurre quelques secondes au micro-ondes afin qu'il soit mou. Mélangez-le bien avec le sucre et le sel, ajoutez les jaunes d'œufs, incorporez la farine, la levure et le cacao.

Sur une plaque de four recouverte de papier sulfurisé, formez de petits motifs à l'aide d'une poche à douille cannelée. Faites cuire au four à 180 °C (th. 6) pendant 15 minutes environ.

SPRITZ AU CHOCOLAT

4 pers. **Préparation : 15 min**   **Cuisson : 10 min**

200 g de farine • 50 g de cacao • 150 g de beurre • 125 g de sucre • 1 œuf • 2 jaunes d'œufs • 1 cuil. à café de levure chimique

Réalisation

Passez le beurre quelques instants au micro-ondes afin qu'il soit mou. Ajoutez le sucre et mélangez jusqu'à l'obtention d'un mélange lisse. Ajoutez l'œuf et les jaunes, puis incorporez délicatement la farine, le cacao et la levure.

À l'aide d'une poche à pâtisserie munie d'une douille cannelée formez les spritz sur une plaque recouverte de papier sulfurisé. Faites cuire au four à 160 °C (th. 5-6) pendant 10 minutes environ.

TUILES AU CHOCOLAT ET À LA PISTACHE

4 pers. **Préparation : 15 min** **Cuisson : 10 min**

150 g de sucre glace • 40 g de farine • 20 g de cacao en poudre • 1 œuf • 2 blancs d'œufs • 100 g de pistaches hachées

Réalisation

Mélangez le sucre glace avec la farine et le cacao, ajoutez d'abord l'œuf, puis les blancs. Incorporez les pistaches hachées. Formez de petites tuiles sur une plaque à four recouverte de papier sulfurisé. Faites cuire au four à 180 °C (th. 6) pendant 10 minutes environ. Mettez les tuiles en forme en les déposant sur un rouleau à pâtisserie ou à l'intérieur d'un verre droit.

LES MOUSSES

•

MOUSSE AU CHOCOLAT EXPRESS

4 pers. **Préparation : 10 min**

50 cl de crème liquide • 200 g de chocolat

Réalisation

Faites fondre le chocolat avec 10 cl de crème. Montez le restant de la crème en chantilly. Incorporez délicatement la crème montée à la ganache. Réservez au frais.

MOUSSE AU CHOCOLAT

4 pers. **Préparation : 15 min** **Repos : 1 h**

3 œufs • 200 g de chocolat • 20 cl de crème liquide

Réalisation

Séparez les blancs des jaunes d'œufs. Dans un saladier, mélangez les jaunes avec le chocolat fondu. Montez les blancs en neige, ajoutez-les délicatement au mélange précédent. Montez la crème liquide en chantilly, incorporez-la délicatement. Réservez au frais au moins 1 heure.

MOUSSE AU CARAMBAR ET CHOCOLAT AU LAIT

4 pers. **Préparation : 20 min** **Réfrigération : 30 min**

15 bâtons de caramel • 50 cl de crème liquide • 200 g de chocolat au lait

Réalisation

Dans une casserole faites bouillir 20 cl de crème avec les bâtons de caramel. Une fois qu'ils ont bien fondu, versez le mélange sur le chocolat au lait. Montez le restant de la crème en chantilly, incorporez-la délicatement au mélange précédent. Réservez au moins 30 minutes au réfrigérateur.

MOUSSE AU CHOCOLAT BLANC

4 pers. **Préparation : 15 min** **Réfrigération : 30 min**

50 cl de crème liquide • 220 g de chocolat blanc • 1 citron

Réalisation

Faites fondre au bain-marie ou au micro-ondes le chocolat avec 10 cl de crème. Râpez les zestes du citron, ajoutez-les. Montez le restant de la crème en chantilly, incorporez-la délicatement au mélange précédent. Ajoutez la moitié du jus de citron. Réservez au moins 30 minutes au réfrigérateur.

MOUSSE CHOCOLAT-CAFÉ

4 pers. **Préparation : 15 min** **Réfrigération : 30 min**

50 cl de crème • 200 g de chocolat noir • 25 g de café soluble

Réalisation

Faites bouillir 20 cl de crème, ajoutez le café soluble, versez sur le chocolat coupé en petits morceaux, mélangez. Montez le restant de la crème en chantilly, incorporez-la délicatement au mélange précédent. Réservez au moins 30 minutes au réfrigérateur.

MOUSSE LÉGÈRE MASCARPONE ET CHOCOLAT BLANC

4 pers. **Préparation : 15 min** **Réfrigération : 1 h**

100 g de mascarpone • 20 cl de crème liquide • 1 gousse de vanille • 100 g de chocolat blanc • 10 cl de lait • 50 g de sucre • 2 feuilles de gélatine (4 g)

Réalisation

Trempez les feuilles de gélatine dans un grand volume d'eau froide. Montez la crème liquide en chantilly. Portez à ébullition le lait avec le sucre, ajoutez la gélatine préalablement égouttée. Versez le tout sur le chocolat blanc haché en petits morceaux, mélangez, ajoutez le mascarpone ainsi que les graines de vanille. Incorporez délicatement la crème fouettée. Réservez au frais pendant 1 heure avant de déguster.

MOUSSE CITRON ET CHOCOLAT BLANC

4 pers. **Préparation : 10 min** **Réfrigération : 1 h**

20 cl de lait • 200 g de chocolat blanc • 2 feuilles de gélatine • 2 citrons • 40 cl de crème liquide

Réalisation

Trempez les feuilles de gélatine dans un grand volume d'eau froide. Montez la crème liquide en chantilly. Portez le lait à ébullition, ajoutez la gélatine égouttée. Versez-le sur le chocolat blanc coupé en petits morceaux et mélangez. Prélevez les zestes des citrons, ajoutez-les au mélange précédent et incorporez délicatement la crème fouettée. Réservez au moins 1 heure au réfrigérateur avant de déguster.

MOUSSE RÉGRESSIVE DE FRAISES ET CHOCOLAT BLANC

4 pers.   Préparation : 20 min   Réfrigération : 30 min

50 cl de crème liquide • 80 g de bonbons fraise • 100 g de chocolat blanc

Réalisation

Dans une casserole, portez à ébullition 15 cl de crème, ajoutez les bonbons, une fois qu'ils ont bien fondu, versez le tout sur le chocolat blanc, mélangez. Montez le restant de la crème en chantilly, incorporez-la délicatement au mélange précédent. Réservez au moins 30 minutes au réfrigérateur.

LES BOISSONS

CHOCOLAT CHAUD BLANC, CHANTILLY À LA CARDAMOME

4 pers. **Préparation : 10 min**

40 cl de lait • 40 cl de crème • 100 g de chocolat blanc • 1 cuil. à soupe de sucre vanillé • 1 pincée de cardamome

Réalisation

Portez à ébullition le lait et 20 cl de crème, versez-les petit à petit sur le chocolat. Montez le restant de la crème en chantilly, ajoutez le sucre vanillé et la cardamome. Versez le chocolat bien chaud dans des tasses, ajoutez par-dessus la chantilly à la cardamome.

CHOCOLAT CHAUD NOIR, CHANTILLY À LA CANNELLE

4 pers. **Préparation : 10 min**

40 cl de lait • 40 cl de crème • 100 g de chocolat noir • 1 cuil. à soupe de sucre vanillé • 1 pincée de cannelle

Réalisation

Portez à ébullition le lait et 20 cl de crème, versez-les petit à petit sur le chocolat. Montez le restant de la crème en chantilly, ajoutez le sucre vanillé et la cannelle. Versez le chocolat bien chaud dans des tasses, ajoutez par-dessus la chantilly à la cannelle.

CHOCOLAT FROID À LA FRAMBOISE

4 pers. **Préparation : 10 min**

50 cl de lait • 100 g de chocolat noir • 300 g de framboises congelées

Réalisation

Mettez le chocolat dans le bol du blender, portez la moitié du lait à ébullition et versez-la dans le blender, mixez. Ajoutez le restant du lait ainsi que les framboises, mixez à nouveau. Dégustez immédiatement.

MILK-SHAKE ANANAS ET CHOCOLAT BLANC

4 pers. **Préparation : 10 min**

4 boules de glace au chocolat blanc • ½ ananas • 2 yaourts • 1 cuil. à soupe de sucre

Réalisation

Coupez l'ananas en morceaux, déposez-les dans le bol du blender, ajoutez la glace, les yaourts et le sucre. Mixez, dégustez immédiatement.

MILK-SHAKE CHOCOLAT BLANC, BANANE ET FRAISE

4 pers. **Préparation : 10 min**

4 boules de glace au chocolat blanc • 1 banane • 200 g de fraises • 20 cl de lait • 1 cuil. à soupe de sucre

Réalisation

Équeutez les fraises, coupez la banane en rondelles. Déposez-les dans le bol du blender, ajoutez la glace, le lait et le sucre. Mixez, dégustez immédiatement.

MILK-SHAKE CHOCOLAT NOIR, POIRE ET CANNELLE

4 pers. **Préparation : 10 min**

4 boules de glace au chocolat noir • 20 cl de lait • 8 demi-poires au sirop • 1 pincée de cannelle

Réalisation

Déposez tous les ingrédients dans le bol du blender. Mixez, dégustez immédiatement.

SMOOTHIE COCO, KIWI ET CHOCOLAT BLANC

4 pers. **Préparation : 10 min**

100 g de chocolat blanc • 10 cl de lait de coco • 2 yaourts • 2 kiwis • 8 glaçons

Réalisation

Épluchez les kiwis, coupez-les en quatre. Râpez le chocolat blanc à l'aide d'une râpe à gros trous. Déposez-le dans le bol d'un blender, ajoutez le lait de coco, les yaourts, les morceaux de kiwi et les glaçons. Mixez, dégustez immédiatement.

SMOOTHIE MANGUE ET CHOCOLAT

4 pers. **Préparation : 10 min**

1 mangue • 2 crèmes desserts au chocolat • 20 cl de jus de fruits multivitaminé • 8 glaçons

Réalisation

Épluchez la mangue, coupez-la en gros morceaux. Déposez-les dans le bol du mixer, ajoutez les crèmes desserts, le jus de fruits et les glaçons. Mixez, dégustez immédiatement.

LES VERRINES

•

BAVAROISE AU CHOCOLAT ET FRUIT DE LA PASSION

| 4 pers. | Prép. : 10 min | Cuisson : 10 min | Réfrigération : 1 h |

50 cl de crème anglaise • 2 feuilles de gélatine • 20 cl de crème liquide • 100 g de chocolat noir • 2 fruits de la passion

Réalisation

Trempez la gélatine dans un grand volume d'eau froide. Faites chauffer la moitié de la crème anglaise, ajoutez-y la gélatine, versez-la sur le chocolat haché. Mélangez, ajoutez le restant de la crème anglaise, mélangez de nouveau. Montez la crème liquide en chantilly, incorporez-la délicatement à la crème anglaise. Garnissez les verrines, laissez reposer 1 heure au réfrigérateur. Coupez les fruits de la passion en deux, ajoutez leurs grains dans les verrines.

CAPPUCCINO AU CHOCOLAT

4 pers. **Prép. : 10 min** **Cuisson : 10 min** **Réfrigération : 1 h**

3 jaunes d'œufs • 80 g de sucre • 30 cl de crème • 80 g de beurre • 2 cuil. à café de café soluble • 4 macarons au chocolat • 1 cuil. à café de cacao • 1 cuil. à café de sucre glace

Réalisation

Mélangez les jaunes d'œufs avec le sucre. Portez à ébullition 20 cl de crème, versez-la sur le mélange précédent. Portez le tout à ébullition, ajoutez le café soluble et le beurre. Mixez afin d'éliminer d'éventuels grumeaux. Remplissez à mi-hauteur des tasses à café et laissez reposer 1 heure au réfrigérateur. Déposez 1 macaron au chocolat dans chaque verrine. Montez le restant de la crème en chantilly, ajoutez le cacao et le sucre glace. Complétez vos tasses avec la chantilly au cacao.

COMME UN AFTER EIGHT

4 pers. **Préparation : 10 min** **Cuisson : 10 min**

200 g de chocolat noir • 20 cl de crème liquide • 1 cuil. à soupe de sucre • 25 feuilles de menthe

Réalisation

Faites fondre le chocolat au bain-marie et étalez-le très finement (1 mm) sur une feuille de papier sulfurisé. Lorsqu'il commence à se solidifier, détaillez (à l'aide d'un emporte-pièce ou d'un verre) 20 disques de taille légèrement inférieur au diamètre des verres choisis. Mixez la crème avec les feuilles de menthe, montez le tout en chantilly, ajoutez le sucre. À l'aide d'une poche à douille, déposez une petite boule de crème à la menthe au fond des verres, et ajoutez un disque de chocolat. Renouvelez l'opération 4 fois. Décorez avec une petite feuille de menthe.

ÎLE FLOTTANTE
CHOCOLAT NOIR ET CITRON VERT

4 pers. **Préparation : 10 min** **Cuisson : 1 min**

50 cl de crème anglaise • 120 g de chocolat noir • 2 blancs d'œufs • 30 g de sucre • 1 citron vert

Réalisation

Faites fondre le chocolat au micro-ondes avec un peu de crème anglaise, mélangez, puis ajoutez le restant de la crème. Remplissez aux deux tiers les verrines. Montez les blancs d'œufs en neige, ajoutez le sucre et le zeste du citron vert râpé. Filmez une assiette et, à l'aide d'une poche à douille, formez 4 grosses boules (elles doivent être un peu plus petites que le diamètre du verre). Faites cuire au micro-ondes pendant 45 secondes environ. Prélevez délicatement les boules et disposez-les dans les verrines. Servez.

PANNA COTTA CHOCOLAT AU LAIT ET MANGUE

4 pers.   **Prép. : 10 min**   **Cuisson : 10 min**   **Réfrigération : 2 h**

30 cl de lait • 10 cl de crème liquide • 120 g de chocolat au lait • 20 g de sucre • 1,5 feuille de gélatine (3 g) • 1 mangue

Réalisation

Trempez la gélatine dans un grand volume d'eau froide. Portez à ébullition le lait avec la crème, ajoutez le sucre et le chocolat, mélangez. Ajoutez la gélatine préalablement égouttée. Versez la panna cotta dans les verrines. Réservez au réfrigérateur pendant au moins 2 heures. Coupez la mangue en petits dés, ajoutez-les par-dessus la panna cotta.

PETITS POTS AU CHOCOLAT

4 pers. **Prép. : 10 min** **Cuisson : 50 min** **Réfrigération : 1 h**

30 cl de lait • 20 cl de crème liquide • 5 jaunes d'œufs
• 60 g de sucre • 1 gousse de vanille • 150 g de chocolat noir

Réalisation

Dans un saladier mélangez les jaunes d'œufs avec le sucre. Versez dans une casserole le lait et la crème. Ajoutez la gousse de vanille fendue en deux et grattée. Portez à ébullition, retirez la gousse de vanille, versez sur le mélange précédent. Ajoutez le chocolat. Versez la préparation dans de petits pots. Faites cuire au four à 100 °C (th. 2-3) pendant 50 minutes environ. Réservez au réfrigérateur pendant au moins 1 heure.

POIRE BELLE-HÉLÈNE

4 pers.   **Préparation : 10 min**

4 poires au sirop • 4 boules de glace vanille • 100 g de sauce au chocolat (voir p. 13) • 1 bombe de crème Chantilly • 20 g d'amandes effilées grillées • 50 g de chocolat noir

Réalisation

À l'aide d'un éplucheur, réalisez des copeaux de chocolat. Coupez les poires en deux, épépinez-les et coupez-les en gros dés.

Placez 1 boule de glace à la vanille au fond de chaque verre, ajoutez les dés de poires, nappez de sauce au chocolat chaude. Couvrez de chantilly, décorez avec les amandes effilées et les copeaux de chocolat. Dégustez immédiatement.

RIZ AU LAIT CHOCOLATÉ

4 pers.   **Prép. : 10 min**   **Cuisson : 30 min**   **Réfrigération : 1 h**

50 cl de lait • 30 g de sucre • 50 g de riz rond • 2 jaunes d'œufs • 20 g de beurre • 100 g de chocolat noir

Réalisation

Dans une casserole, rassemblez le lait, le riz et le sucre. Faites cuire à feu doux pendant 30 à 40 minutes en remuant très régulièrement. Ajoutez les jaunes d'œufs, le beurre et le chocolat. Versez la préparation dans vos verrines. Réservez au moins 1 heure au réfrigérateur.

Notre conseil : ajoutez quelques cerises confites à la fin pour donner à votre dessert une note acidulée.

TIRAMISU AU CHOCOLAT

4 pers. **Préparation : 15 min** **Réfrigération : 2 h**

1 grande tasse de café chaud • 20 biscuits à la cuillère
• 3 jaunes d'œufs • 60 g de sucre • 20 cl de crème liquide
• 200 g de mascarpone • 2 cuil. à soupe de pâte à tartiner
• 1 feuille de gélatine (2 g) • 1 cuil. à café de cacao

Réalisation

Trempez les biscuits à la cuillère dans le café chaud, retirez-les immédiatement. Trempez la feuille de gélatine dans un grand volume d'eau froide. Fouettez les jaunes d'œufs avec le sucre, faites-les tripler de volume. Réservez.

Dans un saladier montez la crème liquide en chantilly. Dans un autre saladier fouettez le mascarpone, ajoutez-le aux jaunes d'œufs. Faites fondre la feuille de gélatine au micro-ondes avec la pâte à tartiner, mélangez vigoureusement. Ajoutez les jaunes d'œufs montés et incorporez délicatement la crème Chantilly. Déposez au fond des verres une couche de biscuits à la cuillère, puis une couche de mousse au mascarpone, renouvelez l'opération 1 fois. Saupoudrez de cacao. Réservez au réfrigérateur au moins 2 heures.

VERRINES ANANAS-CORIANDRE ET CHOCOLAT AU LAIT

4 pers. **Prép. : 10 min** **Cuisson : 5 min** **Réfrigération : 15 min**

½ ananas • 1 pincée de coriandre moulue • 20 g de sucre cassonade • 5 cl de jus d'ananas • 20 cl de crème liquide • 90 g de chocolat au lait

Réalisation

Coupez l'ananas en petits dés. Faites chauffer une poêle, ajoutez la cassonade, puis les cubes d'ananas et la coriandre. Faites revenir à feu doux pendant 5 minutes. Répartissez l'ananas dans le fond des verrines, placez-les au réfrigérateur afin qu'elles refroidissent. Faites fondre le chocolat (au micro-ondes ou au bain-marie) avec 5 cl de crème. Montez le restant de la crème en chantilly, incorporez-la délicatement au chocolat fondu. Vérifiez que l'ananas est froid, puis complétez les verrines avec la mousse au chocolat.

VERRINES BANANE ET CHOCOLAT

4 pers. **Préparation : 15 min** **Cuisson : 10 min**

2 bananes • 1 citron vert • 50 g de sucre cassonade • 5 cl de jus d'orange • 100 g de sauce au chocolat (voir p. 13) • 4 cookies au chocolat

Réalisation

Retirez la peau des bananes, coupez-les en petits cubes. Faites chauffer une poêle, ajoutez le sucre cassonade, puis les bananes et le zeste du citron vert. Laissez cuire pendant 2 à 3 minutes, déglacez avec le jus d'orange, faites cuire pendant encore 1 minute. Disposez les bananes dans le fond des verrines, recouvrez de sauce au chocolat et complétez avec les cookies cassés en petits morceaux.

VERRINES BETTERAVE ET CHOCOLAT BLANC

4 pers.   **Préparation : 10 min**   **Réfrigération : 15 min**

200 g de betterave crue • 50 g de sucre • 150 g de fraises
• 1 citron • 20 cl de crème • 90 g de chocolat blanc

Réalisation

Épluchez la betterave, coupez-la en cubes et mixez-la. Pressez le tout dans un torchon afin de ne récupérer que le jus. Équeutez les fraises, coupez-les en quatre. Portez à ébullition le jus de betterave avec le sucre, ajoutez les fraises, laissez cuire à feu doux pendant 5 minutes. Répartissez la compotée de fraises dans le fond des verrines, placez-les au réfrigérateur afin qu'elles refroidissent. Faites fondre le chocolat (au micro-ondes ou au bain-marie) avec 5 cl de crème. Montez le restant de la crème en chantilly, incorporez-la délicatement au chocolat fondu et ajoutez les zestes du citron. Vérifiez que la compotée est froide, puis complétez les verrines avec la mousse au chocolat blanc.

VERRINES CHOCOLAT AMER ET ORANGE

4 pers. Prép. : 10 min   Cuisson : 20 min   Réfrigération : 30 min

3 oranges non traitées • 80 g de sucre • ½ gousse de vanille • 100 g de chocolat noir à 70 % • 1 jaune d'œuf • 15 cl de crème liquide • 2 cuil. à soupe de riz soufflé

Réalisation

Coupez les oranges en deux, puis en fines lamelles. Faites-les cuire avec 60 g de sucre et la gousse de vanille à feu doux pendant 20 minutes environ. Réservez au réfrigérateur.

Mélangez le jaune d'œuf avec le sucre restant. Portez à ébullition la crème, versez-la sur le mélange précédent. Ajoutez le chocolat en petits morceaux, mélangez. Versez la crème au chocolat au fond des verres, mettez-les au réfrigérateur pendant au moins 30 minutes. Ajoutez le riz soufflé, puis la compotée d'oranges.

VERRINES CHOCOLAT AU LAIT ET MANGUE POIVRÉE

4 pers. **Prép.: 10 min** **Cuisson: 10 min** **Réfrigération: 30 min**

1 mangue • un peu de poivre en grains • 20 g de beurre • 5 cl de jus de fruits multivitaminé • 50 g de chocolat au lait • 50 g de cacahuètes • 50 g de crêpes dentelle

Réalisation

Épluchez la mangue, coupez-la en cubes d'1 cm de coté. Concassez le poivre en grains. Dans une casserole rassemblez le beurre, le poivre, les cubes de mangue et le jus de fruits. Laissez cuire à feu doux pendant 8 à 10 minutes. Répartissez la compotée au fond des verres, réservez-les au moins 30 minutes au réfrigérateur.

Faites fondre le chocolat au lait au micro-ondes. Hachez les cacahuètes en petits morceaux, mélangez-les avec le chocolat. Brisez les crêpes dentelle en petits morceaux et incorporez-les délicatement au mélange précédent. Ajoutez le croustillant par-dessus les mangues.

VERRINES CHOCOLAT ET ORANGE SANGUINE

4 pers. **Préparation : 10 min** **Réfrigération : 2 h**

3 oranges sanguines • 1 feuille de gélatine • 20 g de sucre
• 3 œufs • 100 g de chocolat noir

Réalisation

Trempez la feuille de gélatine dans un grand volume
d'eau froide. Pressez 1 orange sanguine, réservez le
jus. Pelez le restant des oranges, prélevez les suprêmes.
Placez-les au fond des verres. Faites fondre la feuille
de gélatine avec la moitié du jus, puis ajoutez le restant du jus. Versez la gelée par-dessus les suprêmes.
Placez les verres au moins 1 heure au réfrigérateur.
Séparez les blancs des jaunes d'œufs. Faites fondre
le chocolat noir au bain-marie (ou au micro-ondes),
ajoutez les jaunes. Montez les blancs en neige,
incorporez-les délicatement au mélange précédent.
Complétez les verrines. Placez les verres encore
1 heure au réfrigérateur.

VERRINES COLA ET CHOCOLAT

4 pers. **Préparation : 5 min** **Réfrigération : 1 h**

15 cl de boisson au cola • 20 cl de crème liquide • 100 g
de chocolat noir • quelques bonbons au cola en forme
de bouteille

Réalisation

Versez le cola et la moitié de la crème liquide dans
une casserole, portez le tout à ébullition. Ajoutez le
chocolat noir, mélangez et ajoutez le restant de la
crème. Réservez la préparation au réfrigérateur pendant 1 heure. Versez-la dans un siphon à chantilly,
ajoutez 1 ou 2 cartouches de gaz (selon le siphon).
Garnissez les verres, décorez avec quelques bonbons.

VERRINES FRAMBOISES ET VINAIGRE BALSAMIQUE

4 pers. **Prép. : 10 min** **Cuisson : 5 min** **Réfrigération : 2h**

20 cl de lait • 20 cl de crème • 100 g de chocolat blanc • 1 feuille de gélatine • 200 g de framboises • 1 cuil. à soupe de miel • 1 cuil. à soupe de vinaigre balsamique

Réalisation

Trempez la feuille de gélatine dans un grand volume d'eau froide. Portez le lait et la crème à ébullition, ajoutez le chocolat blanc et la feuille de gélatine égouttée, mélangez. Versez la préparation dans les verrines. Réservez-les au réfrigérateur pendant au moins 2 heures.

Dans une petite casserole versez le vinaigre balsamique et le miel, portez à ébullition. Ajoutez les framboises, faites cuire pendant 2 à 3 minutes. Débarrassez les framboises dans un bol, réservez-les au réfrigérateur. Ajoutez-les dans les verrines au moment de servir.

VERRINES LITCHI, CHAMPAGNE ET CHOCOLAT BLANC

4 pers. **Préparation : 15 min** **Réfrigération : 30 min**

1 boîte de litchis au sirop • 10 cl de coulis de fruits rouges • 20 cl de crème liquide • 5 cl de champagne • 100 g de chocolat blanc

Réalisation

Égouttez les litchis, coupez-les en petits morceaux. Mélangez-les avec le coulis de fruits rouges, répartissez-les dans le fond des verrines. Faites fondre le chocolat blanc avec 5 cl de crème. Montez le restant de la crème en chantilly, mélangez-la à la ganache et incorporez délicatement le champagne. Complétez les verrines avec la mousse. Réservez-les au réfrigérateur pendant au moins 30 minutes.

VERRINES MANDARINE CARDAMOME ET CHOCOLAT BLANC

4 pers. **Préparation : 10 min** **Réfrigération : 30 min**

4 mandarines • 10 cl de jus de fruits multivitaminé • 2 graines de cardamome • 4 sablés bretons • 15 cl de crème liquide • 100 g de chocolat blanc

Réalisation

Portez à ébullition la crème, versez-la sur le chocolat blanc et mélangez. Répartissez cette crème au chocolat blanc au fond des verres. Réservez au réfrigérateur pendant au moins 30 minutes.

Pelez les mandarines, séparez les segments. Portez à ébullition le jus de fruits avec la cardamome, versez-le sur les segments de mandarines. Laissez infuser pendant 30 minutes, réservez au frais.

Émiettez les sablés bretons et ajoutez-les par-dessus la crème au chocolat blanc. Ajoutez les segments de mandarines avec un peu de jus.

VERRINES PAMPLEMOUSSE CONFIT ET CHOCOLAT BLANC

4 pers.   **Préparation : 10 min**   **Réfrigération : 1 h**

3 écorces de pamplemousse confit • 1 pamplemousse
• 4 petits sablés • 15 cl de lait • 100 g de chocolat blanc
• 1 feuille de gélatine • 20 cl de crème liquide

Réalisation

Trempez la feuille de gélatine dans un grand volume
d'eau froide. Coupez les écorces de pamplemousse
en petits cubes. Retirez la peau du pamplemousse
et la membrane blanche. Prélevez les suprêmes et
coupez-les en deux. Répartissez-les au fond des
4 verres, ajoutez les sablés. Portez le lait à ébullition,
ajoutez la feuille de gélatine égouttée, versez le tout
sur le chocolat blanc et mélangez. Montez la crème
liquide en chantilly, incorporez-la délicatement au
mélange précédent. Complétez les verrines. Réservez
au réfrigérateur au moins 1 heure avant de déguster.

LES DESSERTS GLACÉS

•

BANANA SPLIT

4 pers. **Préparation : 10 min**

4 bananes • 4 boules de glace vanille • 4 boules de glace au chocolat • 4 boules de sorbet fraise • 200 g de sauce au chocolat (voir p. 13) • 1 bombe de crème Chantilly

Réalisation

Retirez la peau des bananes, coupez-les dans le sens de la longueur. Dans une coupe allongée, disposez 1 boule de chaque parfum entre 2 demi-bananes, recouvrez de sauce chocolat, puis de crème Chantilly. Dégustez immédiatement !

Notre conseil : vous pouvez ajouter quelques amandes effilées grillées.

COUPE GLACÉE AU CARAMEL DEMI-SEL

4 pers. **Préparation : 10 min** **Cuisson : 10 min**

8 boules de glace au chocolat blanc (voir p. 122) • 1 bombe de crème Chantilly • 50 g d'amandes effilées grillées • 80 g de sucre • 80 g de crème liquide • 40 g de beurre salé

Réalisation

Versez le sucre dans une petite casserole, faites-le caraméliser. Ajoutez petit à petit la crème liquide et laissez cuire encore pendant 2 à 3 minutes. Ajoutez le beurre, mélangez. Disposez 2 boules de glace au chocolat blanc dans chaque coupe. Recouvrez de sauce caramel demi-sel chaude, ajoutez la chantilly, puis les amandes effilées. Dégustez immédiatement !

COUPE GLACÉE POIRES ET PRALINES

4 pers. **Préparation : 10 min** **Cuisson : 5 min**

8 boules de glace au chocolat au lait (voir p. 122) • 4 poires au sirop • 1 bombe de chantilly • 100 g de pralines

Réalisation

Hachez les pralines en petits morceaux. Coupez les poires en quatre, retirez les pépins. Faites chauffer une poêle, ajoutez les quartiers de poires et la moitié des pralines, laissez cuire à feu doux pendant 4 à 5 minutes. Disposez 2 boules de glace au chocolat au lait dans chaque coupe, ajoutez 4 quartiers de poires, recouvrez de chantilly, puis du restant des pralines hachées. Dégustez immédiatement !

COUPE « ALL WHITE »

4 pers.   **Préparation : 10 min**

4 boules de glace au chocolat blanc (voir p. 122) • 4 boules de glace à la vanille • 8 petites meringues blanches • 200 g de sauce au chocolat blanc (p. 13) • 1 bombe de chantilly • 30 g d'amandes effilées

Réalisation

Disposez dans chaque coupe 1 boule de glace au chocolat blanc et 1 boule de glace à la vanille, recouvrez de sauce au chocolat blanc, ajoutez 2 petites meringues, recouvrez de chantilly et décorez avec quelques amandes effilées.

COUPE « ALL BLACK »

4 pers. **Préparation : 15 min**

8 boules de glace au chocolat noir • 50 g de noix de pécan • 200 g de sauce au chocolat (voir p. 13) • 100 g de chocolat noir • 15 cl de crème liquide • 1 cuil. à café de sucre • 1 cuil. à café de cacao

Réalisation

Hachez les noix de pécan grossièrement. Réalisez à l'aide d'un éplucheur des copeaux de chocolat noir. Montez la crème liquide en chantilly, ajoutez le sucre et le cacao, mélangez. Garnissez une poche à douille avec la crème Chantilly au cacao. Disposez 2 boules de glace au chocolat dans chaque coupe, recouvrez de sauce au chocolat, puis de chantilly au cacao. Décorez avec les noix de pécan et les copeaux de chocolat.

GLACE AU CHOCOLAT BLANC

4 pers. **Préparation : 15 min** **Repos : 2 h**

40 cl de lait • 10 cl de crème • 250 g de chocolat blanc

Réalisation

Hachez le chocolat blanc en petits morceaux. Portez à ébullition le lait et la crème, versez-les sur le chocolat, mélangez. Réservez au frais au moins 2 heures. Versez la préparation dans votre sorbetière, que vous utiliserez selon le mode d'emploi.

GLACE AU CHOCOLAT AU LAIT

4 pers. **Préparation : 15 min** **Repos : 2 h**

40 cl de lait • 10 cl de crème • 50 g de sucre • 3 jaunes d'œufs • 250 g de chocolat au lait

Réalisation

Hachez le chocolat au lait en petits morceaux. Mélangez les jaunes d'œufs avec le sucre. Portez le lait et la crème à ébullition, versez-les sur le mélange précédent et laissez cuire comme une crème anglaise. Ajoutez le chocolat au lait, mixez. Réservez au frais au moins 2 heures. Versez la préparation dans votre sorbetière, que vous utiliserez selon le mode d'emploi.

PARFAIT GLACÉ AU CHOCOLAT ET AU GRAND MARNIER

4 pers. **Préparation : 15 min** **Congélation : 2 h**

15 cl de lait • 3 œufs • 15 cl de crème liquide • 1 orange • 200 g de chocolat noir • 50 g de sucre • 2 cuil. à soupe de Grand Marnier

Réalisation

Séparez les blancs des jaunes d'œufs. Mélangez les jaunes avec la moitié du sucre, portez à ébullition le lait avec les zestes d'orange râpés, versez-le sur le mélange précédent. Laissez cuire comme une crème anglaise, ajoutez le chocolat et le Grand Marnier, mélangez (mixez si vous constatez la présence de grumeaux). Montez les blancs d'œufs en neige, ajoutez le restant du sucre et incorporez-les au mélange précédent. Montez la crème en chantilly, incorporez-la délicatement. Versez la préparation dans des moules ou ramequins. Placez-les au moins 2 heures au congélateur. Démoulez-les en les passant sous l'eau chaude quelques instants.

SORBET AU CACAO

4 pers. Préparation : 10 min   Repos : 2 h

500 g d'eau • 200 g de sucre • 150 g de chocolat noir • 30 g de cacao

Réalisation

Placez le chocolat et le cacao dans un saladier. Portez l'eau à ébullition, ajoutez le sucre, portez-la de nouveau à ébullition. Versez-la sur le chocolat et le cacao, mixez. Réservez au frais au moins 2 heures. Versez la préparation dans votre sorbetière, que vous utiliserez selon le mode d'emploi.

SOUFFLÉ GLACÉ AU CHOCOLAT AU LAIT

4 pers. **Préparation : 15 min** **Congélation : 2 h**

2 œufs • 150 g de chocolat au lait • 20 cl de crème liquide • 2 cuil. à soupe de sucre

Réalisation

Séparez les blancs des jaunes d'œufs. Faites fondre le chocolat au bain-marie (ou au micro-ondes), mélangez-le avec les jaunes. Montez les blancs en neige, ajoutez le sucre. Incorporez-les délicatement au mélange précédent. Montez la crème liquide en chantilly et incorporez-la au mélange. Versez la préparation dans des ramequins rehaussés d'une bande de papier sulfurisé. Faites prendre au congélateur pendant au moins 2 heures. Retirez le papier sulfurisé, dégustez !

VACHERIN TOUT CHOCOLAT

4 pers.   **Préparation : 10 min**   **Congélation : 1 h**

40 petites meringues au chocolat (voir p. 79) • ½ l de sorbet au cacao (p. 124) • 1 bombe de crème Chantilly • 100 g de chocolat noir

Réalisation

Recouvrez l'intérieur d'un moule à charlotte de papier film. Disposez au fond du moule une couche de meringues et ajoutez une couche de sorbet au cacao. Renouvelez l'opération 1 fois, terminez par une couche de meringues. Laissez durcir le tout au moins 1 heure au congélateur. Réalisez des copeaux de chocolat à l'aide d'un éplucheur. Démoulez le vacherin et retirez le film alimentaire. Recouvrez le vacherin de crème Chantilly, puis de copeaux de chocolat. Dégustez immédiatement.

LES GOURMANDISES

•

BARRE CHOCOLATÉE AUX NOIX

4 pers. **Préparation : 10 min** **Repos : 1 h**

120 g de sucre • 10 cl de crème liquide • 150 g de noix • 200 g de chocolat noir

Réalisation

Dans une casserole versez le sucre, faites-le caraméliser et versez petit à petit la crème liquide (veillez à ne pas verser la crème trop vite afin d'éviter les brûlures). Reportez le tout à ébullition et ajoutez les noix hachées. Versez la préparation dans un moule à cake chemisé de papier sulfurisé. Laissez refroidir au réfrigérateur pendant 1 heure. Découpez le caramel aux noix en barres. Faites fondre le chocolat noir et trempez-y les barres. Laissez le chocolat durcir avant de déguster.

CARAMELS MOUS AU CHOCOLAT

4 pers.   **Préparation : 10 min**   **Cuisson : 15 min**

200 g de sucre semoule • 1 cuil. à soupe de miel • 150 g de crème liquide • 50 g de chocolat

Réalisation

Recouvrez un moule carré de papier sulfurisé. Versez le sucre et le miel dans une casserole, faites caraméliser le tout. Ajoutez petit à petit la crème, portez à ébullition pendant 1 minute. Ajoutez le chocolat et versez la préparation dans le moule. Laissez durcir, puis découpez de petits carrés. Conservez-les dans une boîte hermétique à température ambiante.

FLAN AU CHOCOLAT

4 pers. **Prép. : 10 min** **Cuisson : 1 h** **Réfrigération : 2 h**

50 cl de lait • 4 œufs • 80 g de sucre • 150 g de chocolat noir • 1 gousse de vanille

Réalisation

Dans un saladier, mélangez les œufs avec le sucre. Portez le lait à ébullition avec la gousse de vanille fendue en deux et grattée. Versez-le petit à petit sur le chocolat coupé en petits morceaux, versez ensuite ce lait chocolaté sur le mélange œufs-sucre. Remplissez un moule à flan. Faites cuire au bain-marie dans un four à 150 °C (th. 5) pendant 1 heure.

GUIMAUVE CHOCOLATÉE

4 pers.   Préparation : 15 min   Cuisson : 10 min   Repos : 2 h

2 blancs d'œufs • 220 g de sucre • 5 cl d'eau • 30 g de cacao
• 6 feuilles de gélatine (12 g) • un peu de sucre glace

Réalisation

Trempez les feuilles de gélatine dans un grand volume
d'eau froide. Dans une casserole versez l'eau et 200 g
de sucre. Faites cuire à 120 °C (th. 3-4), le sirop
devant faire de petits filets. Pendant ce temps, montez
les blancs d'œufs en neige avec le restant du sucre.
Lorsque le sirop atteint 120 °C, ajoutez les feuilles
de gélatine égouttées et versez-le petit à petit dans
les blancs d'œufs montés. Fouettez jusqu'à ce que
la pâte soit tiède. Incorporez délicatement le cacao
et versez l'appareil sur un papier sulfurisé. Laissez
reposer 2 heures. Découpez la guimauve en petits
cubes, roulez-les dans le sucre glace.

MENDIANTS

4 pers. **Préparation : 15 min** **Repos : 30 min**

200 g de chocolat noir • 50 g d'amandes entières émondées
• 50 g de pistaches entières émondées • 50 g d'écorces
d'orange confite • 50 g de raisins secs

Réalisation

Faites fondre le chocolat au bain-marie. Sur un papier sulfurisé, à l'aide d'une cuillère, réalisez des ronds de chocolat d'environ 4 cm de diamètre. Ajoutez aussitôt sur chaque rond 1 amande, 1 pistache, 1 morceau d'écorce d'orange et quelques raisins secs. Laissez durcir le chocolat avant de déguster.

NOUGAT AU CHOCOLAT

4 pers. **Préparation : 15 min** **Cuisson : 10 min**

250 g de chocolat noir à 70 % • 2 blancs d'œufs • 240 g de sucre en poudre • 6 cl d'eau • 160 g de miel • 100 g d'amandes • 100 g de noisettes • 30 g de pistaches • 2 feuilles de pain azyme

Réalisation

Préchauffez le four à 180 °C (th. 6), faites griller les fruits secs pendant 10 minutes. Faites fondre le chocolat au bain-marie (ou au micro-ondes). Faites chauffer le sucre, l'eau et le miel dans une casserole. Montez les blancs en neige dans un saladier. Quand le sirop atteint 120 °C, versez-le sur les blancs montés. Ajoutez le chocolat fondu et les fruits secs. Versez la préparation sur 1 feuille de pain azyme, étalez-la à l'aide d'un rouleau, ajoutez la 2e feuille de pain azyme. Laissez refroidir et coupez des carrés de nougat à l'aide d'un couteau à pain.

NOUGATINE CHOCOLATÉE

4 pers.　**Préparation : 10 min　Cuisson : 10 min**

200 g de sucre • 150 g d'amandes hachées ou effilées • 50 g de chocolat noir

Réalisation

Versez le sucre dans une casserole, faites-le caraméliser. Ajoutez le chocolat, puis les amandes. Versez la préparation sur une feuille de papier sulfurisé, étalez-la avec un rouleau. Laissez refroidir et cassez la nougatine en petits morceaux.

Notre conseil : pour obtenir une nougatine encore plus chocolatée, vous pouvez la tremper dans du chocolat fondu.

ROSE DES SABLES

4 pers.　**Préparation : 10 min**　**Repos : 30 min**

150 g de chocolat noir • 100 g de beurre • 50 g de sucre
glace • 250 g de pétales de maïs soufflé

Réalisation

Faites fondre le chocolat avec le beurre au micro-
ondes (ou au bain-marie). Ajoutez le sucre glace et
incorporez délicatement les pétales de maïs soufflé.
Formez de petits tas sur une feuille de papier sulfurisé. Laissez le chocolat durcir avant de déguster.

Notre conseil : vous pouvez remplacer le maïs soufflé
par du riz soufflé.

ROCHER AUX NOISETTES

4 pers. **Préparation : 15 min** **Repos : 30 min**

200 g de chocolat au lait • 120 g de praliné à la noisette
• 100 g d'amandes hachées

Réalisation

Faites fondre le chocolat au lait au bain-marie.
Mélangez-en la moitié avec le praliné (conservez l'autre
moitié au bain-marie). Garnissez de petits moules en
silicone. Laissez durcir (environ 30 minutes). Démoulez
les petits rochers, placez-les sur une grille. Nappez-les
de chocolat au lait et recouvrez-les immédiatement
d'amandes hachées. Laissez durcir.

SAUCISSON AU CHOCOLAT

4 pers. **Préparation : 15 min** **Repos : 1 h**

200 g de chocolat noir • 60 g de beurre • 10 cl de crème liquide • 50 g de sucre glace • 150 g de fruits secs (amandes, pistaches, noix...)

Réalisation

Faites fondre le chocolat avec le beurre au micro-ondes (ou au bain-marie), ajoutez le sucre glace, puis la crème liquide. Incorporez les fruits secs. Roulez en forme de saucisson dans du papier film. Réservez au frais pendant au moins 1 heure avant de déguster.

TRUFFES À LA LIQUEUR DE CERISE

4 pers. **Préparation : 15 min** **Repos : 20 min**

300 g de chocolat noir • 15 cl de crème liquide • 1 cuil. à soupe de liqueur de cerise

Réalisation

Faites fondre le chocolat au bain-marie (ou au micro-ondes). Mélangez la crème liquide avec la moitié du chocolat, ajoutez la liqueur de cerise. Réservez la ganache 20 minutes au réfrigérateur. Formez de petites boules de ganache entre les paumes de vos mains. À l'aide d'une fourchette, trempez-les dans le restant du chocolat noir fondu. Laissez-les durcir. Conservez-les au réfrigérateur dans une boîte hermétique.

TRUFFES BLANCHES

4 pers. **Préparation : 15 min** **Repos : 20 min**

300 g de chocolat blanc • 15 cl de crème liquide

Réalisation

Faites fondre le chocolat blanc au bain-marie (ou au micro-ondes). Mélangez la crème liquide avec la moitié du chocolat blanc. Réservez la ganache 20 minutes au réfrigérateur. Formez de petites boules de ganache entre les paumes de vos mains. À l'aide d'une fourchette, trempez-les dans le restant du chocolat blanc fondu. Laissez-les durcir. Conservez-les au réfrigérateur dans une boîte hermétique.

TRUFFES BLANCHES AU THÉ VERT

4 pers.   **Préparation : 15 min**   **Repos : 20 min**

300 g de chocolat blanc • 15 cl de crème liquide • 1 cuil. à café de thé vert en poudre

Réalisation

Faites fondre le chocolat blanc au bain-marie (ou au micro-ondes). Mélangez la crème liquide avec la moitié du chocolat blanc, ajoutez la moitié du thé vert. Réservez la ganache 20 minutes au réfrigérateur. Formez de petites boules de ganache entre les paumes de vos mains. À l'aide d'une fourchette, trempez-les dans le restant du chocolat blanc fondu. Saupoudrez-les de thé vert et laissez-les durcir. Conservez-les au réfrigérateur dans une boîte hermétique.

TRUFFES NOIRES

4 pers.   **Préparation : 15 min**   **Repos : 20 min**

200 g de chocolat noir • 20 cl de crème liquide • 50 g de cacao

Réalisation

Hachez le chocolat. Portez la crème à ébullition, versez-la sur le chocolat, mélangez. Réservez la ganache 20 minutes au réfrigérateur. Formez de petites boules de ganache entre les paumes de vos mains et roulez-les dans le cacao en poudre. Conservez-les au réfrigérateur dans une boîte hermétique.

BEIGNET COULANT AU CHOCOLAT

4 pers. **Préparation : 15 min** **Cuisson : 4 min**

200 g de ganache au chocolat noir (voir p. 8) • 125 g de farine • 25 g de cacao • 15 cl de lait • 1 œuf • 50 g de sucre • 1 pincée de sel • 1 cuil. à soupe d'huile • 1 cuil. à café de levure chimique • ½ l d'huile pour friture

Réalisation

Formez de petites boules de ganache avec les mains. Placez-les au congélateur le temps de faire la pâte à beignet. Mélangez l'œuf avec le sucre, ajoutez la farine, le cacao et la levure. Incorporez petit à petit le lait et l'huile. Trempez les boules de ganache dans la pâte à frire, puis plongez-les dans l'huile chaude pendant 4 minutes environ. Dégustez immédiatement.

BEIGNETS POMMES ET CHOCOLAT

4 pers.   **Préparation : 15 min**   **Cuisson : 4 min**   **Repos : 30 min**

4 pommes • 200 g de farine • 50 g de cacao • 2 œufs • 2 cuil. à soupe de sucre • 20 cl de lait • 20 g de beurre • 1 pincée de sel • 1 cuil. à café de levure • 1 l d'huile pour friture

Réalisation

Séparez les blancs des jaunes d'œufs. Dans un saladier, versez la farine, le cacao, le sucre, le sel et la levure, mélangez. Ajoutez les jaunes d'œufs et le beurre fondu. Réservez au réfrigérateur pendant 30 minutes. Incorporez ensuite le lait petit à petit. Épluchez les pommes, retirez le trognon à l'aide d'un vide-pomme, coupez-les en rondelles. Montez les blancs d'œufs en neige, incorporez-les délicatement à la pâte. Faites chauffer l'huile. Trempez les pommes dans la pâte, plongez-les dans l'huile et laissez-les cuire 2 minutes par côté.

BLANC-MANGER AU CHOCOLAT BLANC

4 pers. **Préparation : 15 min** **Réfrigération : 1 h**

200 g de fromage blanc • 100 g de lait d'amande • 1,5 feuille de gélatine (3 g) • 1 cuil. à soupe de sucre • 100 g de chocolat blanc • 20 cl de crème liquide • 20 cl de coulis de fruits rouges

Réalisation

Trempez la gélatine dans un grand volume d'eau froide. Faites fondre le chocolat blanc au bain-marie (ou au micro-ondes). Dans un saladier, mélangez le fromage blanc avec le lait d'amande, le sucre et le chocolat blanc fondu. Égouttez la gélatine, faites-la fondre au micro-ondes (30 secondes) et ajoutez-la au mélange précédent. Montez la crème liquide en chantilly, incorporez-la délicatement. Versez la préparation dans des moules ou des verrines. Réservez au réfrigérateur pendant au moins 1 heure. Servez avec du coulis de fruits rouges.

CRÈME BRÛLÉE AU CHOCOLAT

4 pers.   **Prép. : 10 min**   **Cuisson : 1 h**   **Réfrigération : 1 h**

20 cl de lait • 30 cl de crème liquide • 1 gousse de vanille
• 4 jaunes d'œufs • 100 g de sucre • 50 g de cacao • cassonade

Réalisation

Dans un saladier mélangez les jaunes d'œufs avec le
sucre et le cacao. Versez dans une casserole le lait
et la crème. Ajoutez la gousse de vanille fendue en
deux et grattée, portez à ébullition. Retirez la gousse
de vanille et versez ce mélange sur le précédent.
Répartissez la préparation dans des ramequins. Faites
cuire au four à 100 °C (th. 2-3) pendant 1 heure
environ. Réservez au réfrigérateur pendant au moins
1 heure. Saupoudrez de cassonade et caramélisez au
chalumeau ou au four, en position gril.

ÉCLAIRS TOUT CHOCOLAT

6 pers. **Préparation : 15 min** **Cuisson : 20 min**

500 g de pâte à choux au chocolat (voir p. 11) • 400 g de crème pâtissière au chocolat (p. 8) • 200 g de fondant pâtissier • 50 g de chocolat

Réalisation

Sur une plaque de four recouverte de papier sulfurisé, formez de petits boudins de 15 cm de long de pâte à choux à l'aide d'une poche à douille. Faites-les cuire au four à 160 °C (th. 5-6) pendant 20 minutes environ. Percez le côté plat des éclairs avec la pointe d'un stylo, fouettez la crème pâtissière afin qu'elle soit lisse et garnissez-en les éclairs à l'aide d'une poche à douille. Faites fondre le chocolat. Réchauffez légèrement le fondant pâtissier avec 2 cuillerées à soupe d'eau, ajoutez le chocolat fondu. Trempez le dos des éclairs dans le fondant, retirez l'excédent en raclant les éclairs contre le bord de la casserole.

LASAGNE AU CHOCOLAT ET FRUITS EXOTIQUES

4 pers. **Prép. : 20 min** **Cuisson : 20 min** **Réfrigération : 1 h**

100 g de pâte à lasagne • 500 g de lait • 400 g de ganache au chocolat (voir p. 8) • 1 fruit de la passion • 1 petit ananas • 1 mangue • 100 g de sucre

Réalisation

Épluchez l'ananas, coupez-le en petits cubes. Faites de même avec la mangue. Placez les cubes de fruits dans une petite casserole avec la moitié du sucre, faites cuire à feu doux pendant 10 minutes. Coupez le fruit de la passion en deux, ajoutez les grains dans la compotée. Portez le lait à ébullition avec le restant du sucre, plongez la lasagne dedans. Laissez cuire pendant 8 à 10 minutes. Égouttez et laissez refroidir. Réchauffez légèrement la ganache au micro-ondes de manière qu'elle soit fluide. Disposez au fond du plat une couche de compotée, ajoutez une couche de ganache et une couche de pâte. Renouvelez l'opération 1 fois. Complétez avec une couche de compotée et une couche de ganache. Réservez au réfrigérateur pendant au moins 1 heure.

NEMS AU CHOCOLAT

4 pers. **Préparation : 10 min** **Cuisson : 6 min**

8 feuilles de brick • 1 banane • 1 mangue • 100 g de chocolat au lait • un peu de beurre

Réalisation

Retirez la peau de la banane, coupez-la en petits cubes. Faites de même pour la mangue. Hachez le chocolat en petits morceaux. Mélangez l'ensemble. Faites fondre le beurre au micro-ondes et badigeonnez-en les feuilles de brick à l'aide d'un pinceau. Placez un peu du mélange fruits et chocolat au centre de la feuille. Repliez les bords (droit et gauche) et roulez les nems. Faites-les frire pendant 3 minutes de chaque côté. Servez-les avec de la crème Chantilly.

OMELETTE NORVÉGIENNE AU CHOCOLAT

4 pers. **Préparation : 15 min**

½ l de glace au chocolat • 1 génoise au chocolat (voir p. 9) • 10 cl de liqueur de cacao • 2 blancs d'œufs • 20 g de cacao en poudre • 100 g de sucre

Réalisation

Coupez horizontalement la génoise en 3 disques. Imbibez-les avec un peu de liqueur de cacao. Recouvrez-en deux de glace au chocolat, disposez-les l'un par-dessus l'autre et terminez le montage par le dernier disque de génoise. Placez au congélateur. Montez les blancs d'œufs en neige, ajoutez petit à petit le sucre, puis le cacao. Recouvrez le gâteau de cette meringue. Placez au congélateur. Passez l'omelette norvégienne 5 minutes à four très chaud juste avant de servir afin de colorer la meringue.

PAIN PERDU AU CHOCOLAT

4 pers. **Préparation : 10 min** **Cuisson : 4 min**

8 tranches de brioche • 30 cl de lait • 2 jaunes d'œufs • 40 g de sucre • ½ gousse de vanille • 1 cuil. à soupe de cacao • 1 cuil. à soupe de sucre cassonade • un peu de cacao

Réalisation

Dans un bol mélangez les jaunes d'œufs avec le sucre et le cacao. Portez le lait à ébullition avec la gousse de vanille fendue en deux et grattée. Retirez-la et versez le lait sur le mélange sucre et œuf. Faites chauffer une poêle, saupoudrez-la de cassonade et placez les tranches de brioche. Retournez-les et versez entre les tranches l'appareil à pain perdu. Soulevez légèrement les tranches afin que le liquide puisse bien imbiber le centre de la brioche. Laissez cuire à feu doux pendant 1 minute environ. Saupoudrez de cacao. Dégustez immédiatement avec un peu de pâte à tartiner !

PROFITEROLES TOUT CHOCOLAT

6 pers. **Préparation : 10 min** **Cuisson : 20 min**

500 g de pâte à choux au cacao (voir p. 11) • 300 g de glace au chocolat (ou de sorbet cacao, p. 124) • 200 g de sauce chocolat (p. 13) • 20 cl de crème liquide • 20 g de sucre • 10 g de cacao • quelques amandes effilées

Réalisation

À l'aide d'une poche à douille formez de petites boules de pâte à choux. Faites-les cuire au four à 160 °C (th. 5-6) pendant 20 minutes environ. Montez la crème liquide en chantilly, ajoutez le sucre et le cacao. Réchauffez la sauce chocolat. Coupez les choux en deux, garnissez-les de glace au chocolat. Disposez dans les assiettes 5 choux par personne, nappez-les de sauce chocolat, ajoutez au centre de la chantilly au cacao. Décorez avec quelques amandes effilées.

SOUFFLÉ AU CHOCOLAT

4 pers. **Préparation : 15 min** **Cuisson : 10 min**

25 cl de lait • 3 œufs • 15 g de fécule de maïs • 1 cuil. à soupe de sucre • 200 g de chocolat noir • un peu de beurre et de sucre pour les moules

Réalisation

Faites ramollir un peu de beurre au micro-ondes, à l'aide d'un pinceau badigeonnez-en l'intérieur des ramequins. Remplissez-les de sucre, retournez-les pour enlever l'excédent. Séparez les blancs des jaunes d'œufs. Hachez le chocolat noir en petits morceaux. Mélangez les jaunes avec la fécule. Portez le lait à ébullition, versez-le sur le mélange précédent et faites cuire comme une crème pâtissière. Ajoutez le chocolat et mélangez jusqu'à ce qu'il soit fondu. Montez les blancs d'œufs en neige, ajoutez le sucre. Incorporez-les délicatement au mélange précédent. Garnissez les moules à hauteur et faites cuire au four à 190 °C (th. 6-7) pendant 10 minutes. Dégustez immédiatement.

Index des recettes

Les recettes de base

Les tartes et crumbles

Les gâteaux

Les petits gâteaux

Les mousses

Les desserts glacés

Les gourmandises

Les petits plaisirs

Dans la collection **LE PETIT LIVRE DE** vous trouverez également **les thématiques** suivantes :

Le petit livre de Cuisine ●●●●●●

Le petit livre de Culture générale ●●●●●●

Le petit livre de Insolites ●●●●●●

Le petit livre de Tourisme ●●●●●●

Le petit livre de Langues ●●●●●●

Le petit livre de Humour ●●●●●●

Pour consulter notre catalogue et découvrir les dernières nouveautés, rendez-vous sur **www.editionsfirst.fr** !